일본속담사전

若松實 편

서문당

머 리 글

俗談은 오랜 歲月을 거쳐 각 時代를 살아온 先人들 사이에서 形成되어 각 時代의 사람들의 共鳴과 共感을 얻어, 지금까지 傳承되고 물려받은 庶民의 格言으로서, 教訓, 諷刺, 經驗, 遊戲 등의 뜻이 담긴 짧은 말이다.

그러므로, 俗談은 사람들의 마음의 反映, 生活 속에서 태어난 英智의 結晶이며, 말하자면 民衆의 知慧의 寶庫, 文化的·精神的 遺産이라고 할 수 있는 것이다.

俗談은 말수는 비록 불과 몇 마디 안 되는 짤막한 語句이나, 그 속에는 헤아릴 수 없는 은근한 情趣가 들어 있어서 首肯할 만한 수많은 眞理와 人生訓이 포함되어 있고, 千言萬句의 饒舌보다 나은 說得力을 가지고 있는 것이다.

韓國에서는 "옛말 그른 데 없다.", 日本에서는 "昔から云う事に虛言はない(옛날부터 하는 말엔 거짓이 없다.)"라고 같은 評價를 내리고 있는 것도 당연한 일이다.

俗談은 그것이 形成된 國家, 民族 또는 地域集團間의 오랫동안에 걸친 思考方式, 生活習俗과 깊이 상관되는 짐이 있으니, 俗談은 그 나라의 사람을 理解하는 데 큰 역할을 지니고 있는 것이라고 確信한다.

요새 韓國에서는 日語, 日本에서는 韓國語를 學習하는 사람이 늘어가는 경향이 있는 것은 文化交流·相互理解를 깊이 할 觀點에서 경하할 만한 일이라고 할 수 있다.

나는 일찌기 日本에서 韓國에 관한 理解를 한층 더 깊이 할 얼마간의 도움이 되기를 염원하고 「韓國ことわざ(俗談)選」, 「韓日ことわざ事典」을 東京高麗書林에서 내놓아 韓國俗談을 소개한 일이 있다.

이번에 日本의 俗談을 韓國에 소개하려는 시도는, 다만 日語를 學習하는 사람들에게 도움을 주고자 할 뿐 아니라, 俗談을 통해서 言語樣式, 風俗, 習慣 등을 달리하는 日人의 思考方式을 살핌으로써 진정한 相互理解의 눈을 뜨게 하고, 日本·日本人을 再認識하는 실마리로 삼는 데에 도움을 주려는 것이다.

이 책 속에 收錄된 日本의 俗談은 1,500句, 그것을 あいうえお 順으로 配列, 韓譯하여 간단한 解說을 붙였으며, 또 그 俗談에 對應되는 韓國俗談을 [參]표를 하여 보임으로써 理解를 돕고, 특히 필요한 사항에 대해서는 주석을 가하였다.

卷末에는 韓譯한 日本俗談을 가나다라 순의 索引으로 첨부하였다.

끝으로, 이 책의 出版을 기꺼이 맡아 주신 瑞文堂 崔錫老 사장님께 심심한 감사의 뜻을 표하며, 아울러 편집부 여러분들의 노고에 사의를 표하는 바이다.

1988年 3月

[あ]

ああ言(い)えばこう言(い)う
이렇게 말하면 저렇게 말한다

남의 말에는 말대꾸하고 요리조리 구실만 내세우며, 상대의 의견을 곧이 듣지 않는 모양을 말함. [參] 동문서답(東問西答). 동의 일 하라면 서의 일 한다.

愛多(あいおお)ければ憎(にく)しみ至(いた)る
사랑이 많으면 미움이 닥친다

사랑과 미움의 관계는 겉과 속 같은 데가 있고, 한쪽에서 남의 사랑을 많이 받으면, 다른 쪽에서는 반드시 남의 미움을 받게 되는 것이라는 말.

匕首(あいくち)に鐔(つば)
비수에 날밑

격(格)에 맞지 않고 어울리지 않음의 비유. [參] 개 발에 주석 편자.

8…あいさつ

挨拶は時の氏神
중재(仲裁)는 제때의 당신(堂神)

말다툼이나 싸움의 중재를 해주는 사람은 堂神처럼 고마운 것이니, 순순히 그 말에 따르는 것이 좋다.
挨拶는 여기에선 인사가 아니고 仲裁라는 뜻. 氏神은 마을의 당신(堂神).

挨拶より円札
인사보다 원 지폐

허례보다 실리가 좋다는 말. 말뿐인 정중한 인사로는 배가 부르지 않는다는 말. 참코 아래 진상이 제일이라.

開いた口へ牡丹餅
벌린 입에 팥단자

재수 있을 때는 노력하지 않아도 뜻밖에 행운이 굴러오는 것을 말함. 牡丹餅는 찹쌀과 멥쌀을 섞어 고물을 묻혀 만든 떡. 참움 안에서 떡을 받는다. 굴러온 호박.

相手のない喧嘩はできぬ
상대 없는 싸움은 못한다

아무리 난폭한 사람이라도 상대가 없으면 싸움을 못한다는 말. 스스로 나서서 싸움의 상대가 되지 말라는 말.

㊉ 두 손뼉이 마주쳐야 소리가 난다.

会うは別れの始め
상봉(相逢)은 이별(離別)의 시초

사람과 사람이 만나게 되는 것은 헤어지는 시초가 된다는 말로, 한 번 만난 사람은 언젠가는 반드시 이별할 때가 있다는 비유. ㊉ 회자정리(會者定離).

仰いで唾を吐
위를 향하여 침 뱉기

남을 해치려다가 도리어 제가 해를 입게 된다는 말. 욕이 자신에게 되돌아온다는 비유. ㊉ 내 얼굴에 침 뱉기.

青柿か熟柿弔う
풋감이 홍시를 애도한다

풋감이 홍시 떨어지는 것을 보고, 멀지 않아 자기도 그렇게 되는 것도 모르고 불쌍히 여긴다는 뜻으로, 그다지 차이가 없는 자가 약간 뛰어난 것을 난 체하고 이섯저섯 말참견하는 비유. ㊉ 숯이 검정 나무란다.

青菜に鹽
푸성귀에 소금

10…あおは

푸성귀에 소금을 뿌린 듯이 피로하거나 실망해서 심신의 맥이 빠진 상태를 이르는 말. ㊜ 서리 맞은 구렁이.

青は藍より出でて藍より青し
파랑은 쪽에서 나왔으나 쪽보다 파랗다

제자가 스승보다 나음을 일컫는 말. ㊜ 청출어람 이청어람(青出於藍 而青於藍). 출람(出藍).

赤子の手をひねるよう
갓난아기의 손을 비틀 듯

일이 매우 쉽다는 말. ㊜ 누워 떡 먹기.

明るけりゃ月夜だと思う
방안이 환하면 달밤인 줄 안다

생각이 천박하고 세상을 모르는 어리석은 사람을 비유하는 말. ㊜ 동녘이 훤하면 세상인 줄 안다.

秋風が吹く
가을 바람이 분다

남녀간의 애정이 변함. 두 사람 사이가 쓰렁쓰렁해지는 것을 말함. 「秋」(아기)는 「飽き」(아기)(싫증)을 뜻함.

空樽は音か高い
빈 통은 소리가 크다

빈 통을 치면 가득 차 있는 통보다 소리가 크듯이, 교양이 없는 사람일수록 잘 재잘거린다는 비유. ⑳ 빈 수레가 더 요란하다.

商は牛の涎
장사는 소의 침

장사는 소의 침과 같이 가늘고 길고 참을성 있게 잘 노력해야 된다는 비유.

商は數でこなせ
장사는 수로 다루어라

이익을 적게 보고 많이 파는 것이 장사의 비결이다. ⑳ 박리다매(薄利多賣).

秋茄子嫁に食わすな
가을 가지는 며느리에게 먹이지 말라

가을 가지는 몸이 냉해지니까, 또는 씨가 적어 자손을 못 볼까 보아, 또는 가을 가지는 맛이 좋으니까 며느리에게 먹이지 말라고 하는 고부간의 갈등에 대한 말로도 풀이된다.

12 … あきの

秋の日は釣瓶落し
가을 해는 두레박 떨어뜨리듯이 진다

가을의 해는 빨리 진다는 말. 🔖 가을 해는 노루꼬리만 하다.

商人と屏風は曲らねば立たぬ
장사치와 병풍은 구부러지지 않으면 서지 못한다

장사치로서 살아가려면 자기 감정을 누르고 사람과 상종하지 않으면 성공할 수 없다는 말.

商人の元値
장사꾼의 본전

장사꾼이 말하는 본전에는 반드시 에누리가 있으니, 그대로 믿을 수 없다는 말. 🔖 원님에게 물건을 팔아도 에누리가 있다.

惡緣ちぎり深し
악연은 인연이 깊다

좋지 못한 인연, 악우, 나쁜 습관 등을 떼려고 해도 뗄 수 없는 못된 인연이란 말. 좋은 친구, 좋은 습관 등은 잃기 쉽다는 말.

惡事千里を走る
나쁜 일은 천리를 달린다

나쁜 소문은 금방 멀리 퍼진다는 말. 參 발 없는 말이 천리를 간다.

惡事身にかえる
나쁜 짓은 자기에게 되돌아온다

자기가 범한 못된 짓의 보수는 언젠가는 자기에게 되돌아오는 것이라는 말.

惡因惡果
악인(惡因) 악과(惡果)

원인이 나쁘면 결과도 좋을 수가 없다.

惡女の深情
추녀(醜女)의 깊은 정

미녀보다도 추녀의 애정이나 질투심이 더 강력하다는 말. 고맙기는 하지만 달갑지 않은 친절의 비유.

惡女は鏡を疎む
추녀는 거울을 싫어한다

제가 잘못한 것을 모르고 다 남의 탓이라고 한다. [參] 제 얼굴 더러운 줄 모르고 거울만 나무란다.

悪銭(あくせん)身(み)に付(つ)かず

악전은 붙어 있지를 않는다

부정하게 번 돈은 낭비하게 되어 오래 가지 못한다는 말.

欠伸(あくび)を一緒(いっしょ)にすれば三日徒兄弟(みっかいとこ)

하품을 같이 하면 사돈의 팔촌

같이 하품을 하면 특별한 친밀감을 느끼게 된다는 말. 三日徒兄弟는 먼 혈연 관계를 말함. [參] 하품은 옮아간다.

開(あ)けて見(み)たれば鳥(とり)の糞(ふん)

열고 보니 새똥

막상 정체를 본 후 기대에 어긋나서 실망함을 이름.

阿漕(あこぎ)が浦(うら)に引(ひ)く網(あみ)

아고기우라(阿漕浦: 땅이름)에 치는 그물

비밀로 하고 있는 일도 거듭되면 남에게 들킨다는 말. 阿漕浦는 三重縣津市의 海岸인데, 옛날 伊勢神宮에 바치는 고기를 잡는 禁漁區域. 예전에 平次라는 어부가 老

母의 병을 고치기 위해 고기를 남 몰래 자주 잡았으나 끝내는 들켜서 붙잡혔다는 고사에서 나온 말. [參] 꼬리가 길면 밟힌다. 재미 나는 골에 범 난다.

朝雨(あさあめ)は女(おんな)の腕(うで)まくり

아침 비는 여자가 팔 걷어붙이는 꼴

아침 비는 여자가 팔 걷어붙이고 뽐내는 것과 같이 그다지 두려워할 필요도 없고 곧 그친다는 말.

浅(あさ)い川(かわ)も深(ふか)く渡(わた)れ

얕은 내도 깊게 건너라

얕은 냇물이라도 깊은 곳처럼 건너라는 말로, 무슨 일이나 쉽게 생각하지 말고 조심하여 하라는 말. [參] 구운 게도 매어 먹어라. 돌다리도 두들겨 보고 건너라.

浅瀬(あさせ)に仇浪(あだなみ)

얕은 여울에 놀치는 물결

강물의 깊은 곳은 요동치지 않으나, 얕은 여울은 미풍이 불어도 공연히 물결이 일어나듯이, 사려분별이 모자라는 사람은 자칫하면 하찮은 일에도 곧 동요하여 요란하게 떠들어대는 것이라는 말.

麻(あさ)の中(なか)の蓬(よもぎ)

삼 밭 속의 쑥

곧게 자라는 삼 사이에 끼어서 자란 쑥은 곧게 자라기 때문에, 사람도 훌륭한 사람과 사귀면 그 감화를 받아서 훌륭한 사람이 된다는 말. [參] 삼 밭에 쑥대. 마중지봉(麻中之逢)

薊(あざみ)の花(はな)も一盛(ひとさか)り

엉겅퀴꽃도 한때

못생긴 여자라도 한때는 아름다울 때가 있다는 뜻. 또는 누구나 한 번쯤은 좋은 시절이 있다는 뜻. [參] 메뚜기도 유월이 한철이라.

朝飯前(あさめしまえ)のお茶漬(ちゃづけ)

아침 밥 먹기 전의 찻물밥

조반 전이라도 할 만한 일. 몹시 쉽다는 비유. [參] 식은 죽 먹기. 거저 먹기.

朝靄(あさもや)の昼日和(ひるひより)

아침 안개는 낮의 좋은 날씨

아침에 안개가 끼면 낮에는 좋은 날씨가 된다는 말. 参 아침 안개가 중대가리 깬다.

明日(あした)は明日(あした)の風(かぜ)が吹(ふ)く
내일은 내일의 바람이 분다

오늘 궂은 일이 있다 해서 내일도 궂은 일만 있는 것은 아니다. 모든 일을 되어 가는 대로 맡겨, 너무 걱정하지 않는다는 말. 参 바람부는 대로 물결치는 대로.

足下(あしもと)から鳥(とり)か立(た)つ
발 밑에서 새가 난다

자기 주변에 뜻밖의 일이 발생한다는 비유. 느닷없이 무슨 일을 시작하다. 参 발등에 불이 붙다.

小豆(あずき)の豆腐(とうふ)
팥으로 만든 두부

두부는 콩으로 만드는 것인데, 있을 수 없는 일이라는 비유. 参 팥으로 만든 메주.

明日(あす)の親鳥(おやどり)より今日(きょう)の卵(たまご)
내일의 어미닭보다 오늘의 달걀

어떻게 될지 모르는 장래의 막연한 일보다 당장 실제로 가질 수 있는 것이 비록 변변치 않더라도 더 낫다는 말. 參 내일의 천자보다 오늘의 재상.

<ruby>東<rt>あずま</rt></ruby><ruby>男<rt>おとこ</rt></ruby>に<ruby>京<rt>きょう</rt></ruby><ruby>女<rt>おんな</rt></ruby>
남자는 江戸, 여자는 京都

남자는 江戸(지금의 東京)의 남자가 씩씩하여 남자답고, 여자는 京都 태생이 여자답다는 말. 훌륭한 남녀 한 쌍을 말함. 參 남남 북녀(南男北女).

<ruby>當<rt>あた</rt></ruby>って<ruby>砕<rt>くだ</rt></ruby>けよ
부딪쳐서 부서져라

실패하더라도 한 번 해보라는 말.

<ruby>頭<rt>あたま</rt></ruby>が<ruby>動<rt>うご</rt></ruby>けば<ruby>尾<rt>お</rt></ruby>も<ruby>動<rt>うご</rt></ruby>く
머리가 움직이면 꼬리도 움직인다

웃사람이 움직이면 아랫사람도 그것보고 움직이게 된다는 말. 參 윗물이 맑아야 아랫물이 맑다.

<ruby>頭<rt>あたま</rt></ruby><ruby>隱<rt>かく</rt></ruby>して<ruby>尻<rt>しり</rt></ruby><ruby>隱<rt>かく</rt></ruby>さず
머리만 감추고 엉덩이를 감추지 않는다

나쁜 짓의 일부만 감추고 다 감춘 것으로 여기는 어리석음을 조롱하는 말. [參] 꿩은 머리만 풀에 감춘다.

頭剃(あたまそ)るより心(こころ)を剃(そ)れ

머리를 깎기보다 마음을 깎아라

머리를 깎고 중이 되기보다는 악한 마음을 고치는 것이 더욱 중요하다. 외형보다도 정신의 수양을 하라는 말.

頭(あたま)に吸殼(すいがら)のせても知(し)らぬ

머리 위에 꽁초를 얹어도 모르겠다

한 가지 일에 몹시 골똘하여 정신이 없음을 이름. [參] 나무칼로 귀를 베어도 모르겠다.

頭(あたま)の黑(くろ)い鼠(ねずみ)

머리가 까만 쥐

집의 것을 몰래 훔치는 사람. 같이 살면서 나쁜 짓을 하는 사람을 비유하는 말. [參] 머리 검은 고양이 귀치 말라.

頭禿(あたまは)げても浮氣(うわき)は止(や)まぬ

머리는 벗어져도 바람기는 그치지 않는다

20 … あたらず

인간이란 아무리 늙어도 타고난 도락의 버릇은 고쳐지지 않는다는 말. ㊅ 늦바람이 곱새를 벗긴다.

中^{あた}らずと雖^{いえど}も遠^{とお}からず
맞지 않을지라도 크게 틀림은 없다

대충 예상한 바와 같다는 말. 어지간히 맞추다.

當^{あた}るも八卦^{はっけ}當^{あた}らぬも八卦^{はっけ}
맞는 것도 점, 맞지 않는 것도 점

점이란 꼭 맞는다고는 할 수 없다. 점의 길흉을 그다지 걱정할 것 없다는 말.

仇^{あだ}を恩^{おん}で返^{かえ}す
원수를 은혜로 갚는다

당연히 원망해야 할 사람에게 도리어 인정을 베푼다는 말. ㊅ 원수는 순으로 풀라.

羹^{あつもの}に懲^こりて膾^{なます}を吹^ふく
뜨거운 국에 데어서 생회를 후후 분다

한 번 무엇에 몹시 놀란 사람이 그와 비슷한 것만 보아도 겁을 낸다는 말. 參 자라 보고 놀란 가슴 솥뚜껑 보고 놀란다. 오우천월(吳牛喘月).

後足で砂をかける
뒷발로 모래를 끼얹는다

떠나는 마당에 남을 곤경에 빠뜨리는 따위의 나쁜 일을 한다. 떠난 뒤를 휘젓거려 놓다. 參 나가는 년이 세간 사랴.

後薬
때 늦은 약

병자가 죽은 뒤에 아무리 양약이 있더라도 아무 소용없는 일이라는 뜻으로 하는 말. 일이 다 끝난 뒤에는 어떤 처치도 효과가 없다는 비유. 參 성복 뒤에 약방문.

後の雁が先になる
뒤에 처진 기러기가 앞서 간다

뒤따라 오던 자가 앞 사람을 앞지른다는 비유. 參 나중 난 뿔이 우뚝하다.

22 …あとの

後の喧嘩先でする
뒤에 할 싸움 먼저 한다

뒤에 싸움이 일어나지 않도록 처음에 잘 음미하고 논의를 다하여 두는 것이 좋다는 말.

後の祭
때 놓친 제사

제사 지낸 다음날이란 뜻에서, 이미 때를 놓쳐 보람없게 됨을 이름. ❀ 행차 후의 나팔. 사후 약방문.

後は野となれ山となれ
나중에야 들판이 되든 산이 되든 될 대로 되어라

지금 당장만 좋으면 나중의 결과는 어떻게 되든 알 바 없다는 말. ❀ 나중에야 삼수갑산을 갈지라도.

穴あらば入りたし
구멍이 있으면 들어가고 싶다

부끄럽거나 창피해서 몸 둘 데가 없다는 말. ❀ 쥐구멍을 찾는다.

穴蔵(あなぐら)で雷(かみなり)聞(き)く

움막에서 천둥을 듣는다

지나친 조심을 하는 것을 비유함. 조심성이 많은 사람이라 하는 것보다, 겁을 내는 사람을 비웃는 말에 가깝다.

穴(あな)の貉(むじな)を値段(ねだん)する

굴 속 너구리 보고 값을 매긴다

무슨 일이든지 이루어지기도 전에 그 이득을 셈하지 말라는 뜻. [参] 알 까기 전에 병아리 세지 말라.

痘痕(あばた)も靨(えくぼ)

곰보도 보조개

좋아하는 사람이라면 마마 자국도 보조개로 보인다는 말. 남은 우습게 보는 것도 제 마음에 들면 좋게 여겨진다는 뜻. [参] 제 눈에 안경이라.

危(あぶな)い橋(はし)も一度(いちど)は渡(わた)れ

위험한 다리도 한 번은 건너라

위험을 무릅쓰지 않으면 큰 수확은 얻을 수 없다는 말. [参] 산에 가야 범을 잡지.

虻蜂(あぶはち)取(と)らず

등에도 벌도 못 잡는다

이것저것 탐내다가 하나도 얻지 못함. [參] 가는 토끼 잡으려다가 잡은 토기 놓친다. 게도 구럭도 다 잃었다.

油紙(あぶらがみ)に火(ひ)の付(つ)いたよう

기름 먹인 종이에 불이 붙은 듯

발끈하고 화를 잘 낸다는 비유. 청산유수로 거침없이 말을 잘 한다는 비유. [參] 가랑잎에 불 붙듯. 청산유수(清山流水) 같다.

油(あぶら)に水(みず)

기름 위의 물

서로 따로따로 되어 있어서 융합하지 못하고 상극이라는 비유. [參] 찬물에 기름 돈다.

阿呆(あほう)に付(つ)ける薬無(くすりな)し

바보에게 바를 약은 없다

바보를 고치는 방법은 없다는 말. [參] 하우 불이(下憂不移).

雨垂(あまだ)れ石(いし)を穿(うが)つ

낙수물이 돌을 뚫는다

작은 힘이라도 끈기 있게 계속하면 성공한다는 말. [參] 개미 메 나르듯.

阿彌陀(あみだ)も錢(ぜに)で光(ひか)る

아미타불도 돈으로 빛난다

돈의 위력이 위대하고, 부처님의 힘도 돈만 못하다는 말. 무슨 일이든지 돈이면 다 될 수 있다는 말. [參] 돈만 있으면 귀신도 부릴 수 있다.

網(あみ)にかかった魚(うお)

그물에 걸린 물고기

피할래야 피할 수 없는 막바지에 이르렀음을 비유한 말. [參] 독 안에 든 쥐. 도마에 오른 고기.

雨(あめ)の夜(よ)にも星(ほし)

비 오는 밤에도 별

있을 수 없다고 생각되는 일도 드물게는 있다는 것을 비유하여 이름. [參] 백미(白米)에 뉘 섞이듯.

雨(あめ)の降(ふ)る日(ひ)に髪(かみ)を洗(あら)うと親(おや)の死(し)に目(め)にあわぬ

비 오는 날 머리를 감으면 부모의 임종을 못 한다

비 올 때 머리를 감지 말라고 하는 말. [參]비 오는 날 머리를 감으면 대사 때 비가 온다.

雨降(あめふ)って地固(じかた)まる

비 온 뒤에 땅이 굳어진다

나쁜 일이 있으면 뒤에 좋은 일이 온다는 비유. [參]매끝에 정 든다.

雨降(あめふ)りに嫁入(よめい)りすれば離縁(りえん)せぬ

비 오는 날 시집가면 헤어지지 않는다

시집가는 날 비가 오면 모두들 싫어하므로 생긴 말. [參]말 발이 젖어야 잘 산다.

過(あやま)ちの功名(こうみょう)

과오의 공명

잘못한 것이, 또는 무의식중에 한 것이 좋은 결과를 가져왔다는 말. [參]전화위복(轉禍爲福).

蟻<ruby>集<rt>あり</rt></ruby>まって<ruby>樹<rt>き</rt></ruby>を<ruby>搖<rt>ゆる</rt></ruby>がす

개미 모여서 나무를 뒤흔든다

작은 힘이라도 많이 모이면 큰 힘이 된다는 비유. ❀ 개미는 작아도 탑을 쌓는다.

<ruby>在<rt>あ</rt></ruby>りての<ruby>厭<rt>いと</rt></ruby>い<ruby>亡<rt>な</rt></ruby>くての<ruby>偲<rt>しの</rt></ruby>び

있는 때는 싫어하다가 없어지면 그리워한다

자기가 미워하고 싫어하던 사람이나 물건이 막상 없어지고 보면 아쉽게 생각나는 때가 있다는 말. ❀ 시아버지 죽으라고 축수했더니 동지 섣달 맨발 벗고 물 길을 때 생각난다.

<ruby>蟻<rt>あり</rt></ruby>の<ruby>穴<rt>あな</rt></ruby>から<ruby>堤<rt>つつみ</rt></ruby>の<ruby>崩<rt>くず</rt></ruby>れ

개미 구멍으로 방축이 무너진다

사소한 일을 무시한 데서 큰일이 벌어진다는 비유. ❀ 큰 방축도 개미 구멍으로 무너진다.

<ruby>蟻<rt>あり</rt></ruby>の<ruby>思<rt>おもい</rt></ruby>も<ruby>天<rt>てん</rt></ruby>にのぼる

개미의 생각도 하늘에 오른다

개미와 같이 미약한 것도 신념만 강하면 소망을 달성할

때가 있다는 말. [參] 개미는 작아도 탑을 쌓는다.

蟻(あり)の這出(はいで)る隙(すき)もない

개미새끼 하나 기어나갈 틈이 없다

경계가 엄중하다는 비유. [參] 물샐틈도 없다.

合(あ)わぬ蓋(ふた)あれば合(あ)う蓋(ふた)あり

안 맞는 뚜껑 있으면 꼭 맞는 뚜껑도 있다

한쪽에 좋으면 다른 쪽에는 좋지 않다는 그런 경우에 쓰는 말. 세상 만사는 다 뜻대로는 안 된다는 것을 이르는 말. [參] 깨어진 남비와 꿰맨 뚜껑.

鮑(あわび)の貝(かい)の片思(かたおも)い

전복 껍데기의 짝사랑

전복의 껍데기가 한쪽만 있는 데서 나온 말. 짝사랑의 비유. [參] 외기러기 짝사랑.

鞍上人無(あんじょうひとな)く, 鞍下馬無(あんかうまな)し

안장 위에 사람이 없고, 안장 밑에 말이 없다

말을 능숙하게 잘 타는 것을 이르는 말.

案ずるより生むが易い

걱정하기보다는 낳기가 쉽다

본래는 여자의 해산을 두고 이르는 말로서 무슨 일이나 사전에 근심해도 실제로 닥치고 보면 생각했던 것보다 용이하게 해결된다는 뜻.

按摩の高下駄

안마장이의 굽이 높은 나막신

위태로운 것을 즐겨 하는 것을 말함. ㉛ 눈먼 말 타고 벼랑을 간다.

い

言いたい事は明日言え
하고 싶은 말은 내일 하여라

 생각한 것을 곧 말하면 감정에 치우치고 뜻밖의 실패를 할 우려가 있으니, 잘 궁리해서 말하는 것이 낫다는 말. 參 말 한마디에 천금이 오르내린다.

言うは易く行うは難し
말하기는 쉽고 행하기는 어렵다

 말로는 어떤 일이라도 간단하지만, 실행으로 옮기는 것은 어렵다는 말. 參 말이 앞서지 일이 앞서는 사람 본 일 없다.

家を道端に作れば三年成らず
집을 길가에 세우면 삼 년에도 이루어질 수 없다

남의 조언을 믿고 듣기만 하면 아무것도 이룩할 수 없다는 비유. ㉾ 길가에 집짓기. 작사도방(作舍道傍)에 삼 년 불성(三年不成).

家の前の痩犬
집 앞의 여윈 개

자기 집 앞에서만 큰소리치고 호기를 부리는 것을 이르는 말. ㉾ 이불 안 활개.

生き馬の目を抜く
살아 있는 말의 눈을 뺀다

일을 하는 데 매우 잽싸고 교활하며 약은 것을 이름. ㉾ 눈감으면 코 베어 간다. 번갯불에 콩 볶아 먹겠다.

生き身に餌食
산 몸에 먹이

이 세상에서 산 몸에는 먹을 것이 따른다는 뜻. 무슨 짓을 하든지 굶어 죽지는 않는다는 말. ㉾ 산 사람의 목구멍에 거미줄 치랴.

生き身は死に身
살아 있는 몸은 죽어야 할 몸

이 세상에 살아 있는 자는 언젠가는 반드시 죽고야 만다는 말. 參 생자필멸(生者必滅).

往く往くの長居
간다 간다 하면서 밑질김

말로만 곧 가마 하면서 언제까지나 이야기에 열중하고 좀처럼 돌아가지 않는 것을 말함. 參 간다 간다 하면서 아이 셋 낳고 간다.

生簀の鯉
고기통 속의 잉어

죽을 수를 당하여 어쩔 수 없이 된 경우를 이름. 參 그물에 든 고기.

生ける犬は死せる虎に勝る
산 개가 죽은 범보다 낫다

아무리 고생스럽고 천하게 지내더라도 사는 것이 죽는 것보다는 낫다는 뜻. 參 말똥에 굴러도 이승이 좋다.

石が浮んで木の葉が沈む
돌이 뜨고 나뭇잎이 가라앉는다

사물의 이치에 맞지 않는 있을 수 없는 일이라는 말. 參 서천에서 해가 뜨겠다.

石地蔵に蜂
돌지장에 벌(의침)

조금도 아프지도 않고, 가렵지도 않다는 뜻. 아무런 영향도 없다는 비유. 參 남생이 등에 풀쐐기 쏨 같다.

石に花咲く
바위에 꽃이 핀다

있을 수 없는 일이라는 비유. 參 층암상에 묵은 팥 심어 싹 나거든.

石に蒲団は着せられぬ
돌(묘석)에 이불은 덮지 못한다

돌아가시면 어버이에게 효도를 다할 수 없으니, 살아계실 동안에 어버이에게 친절을 다하라는 말.

石(いし)の上(うえ)にも三年(さんねん)

돌 위에도 삼 년

참고 견디면 끝내는 반드시 성공한다는 말. [参] 대 끝에서도 삼 년이라.

石橋(いしばし)を叩(たた)いて渡(わた)る

돌다리도 두드려 보고 건넌다

지나치게 세심하고 조심스러운 사람을 두고 하는 말. [参] 냉수도 불어 먹겠다. 구운 게도 다리를 떼고 먹는다.

医者(いしゃ)と味噌(みそ)は古(ふる)いほどよい

의사와 된장은 오래 될수록 좋다

경험과 시간이 중요함을 이르는 말. [参] 떡국이 농간한다.

医者(いしゃ)の薬(くすり)も匙加減(さじかげん)

의사의 약도 손어림

양약이라도 분량이나 혼합의 비율이 적당치 않으면 효험이 없다는 말. 무엇이든지 손짐작이 소중하다는 말.

医者の自脈ききめなし

의사의 자기 진맥 효험이 없다

의사도 자신의 병은 못 고친다는 말. 參 의사가 제 병 못 고친다.

医者の只今(參ります)

의사의 지금 곧 (갑니다)

믿을 수 없는 약속의 기한을 비유함. 參 차일피일한다.

医者の不養生

의사의 불섭생

남에게 섭생을 권하는 의사 자신은 오히려 섭생을 하지 않는다는 뜻. 參 봉사 제 점 못친다.

居候の三杯目

식객의 세 그릇째

식객이 식사할 때 세 그릇째는 미안해서 밥그릇을 슬며시 내민다는 말이니, 곧 남의 신세를 지고 있는 까닭으로 모든 일에 떳떳치 못하고 조심스러움을 이름.

36…いそが

急_{いそ}がば回_{まわ}れ
급하면 돌아가라

급할 때는 실패하기 쉬우므로 침착하게 행동하라는 말. 參 급하면 바른 허리에 실 매어 쓸까.

痛_{いた}し痒_{かゆ}し
아프고 가렵다

긁으면 아프고 안 긁으면 가렵다는 뜻으로, 이럴 수도 저럴 수도 없음을 이르는 말. 參 진퇴양난(進退兩難).

痛_{いた}む上_{うえ}に塩_{しお}を塗_ぬる
아픈 상처 위에 소금을 바른다

불행한 일을 당하고 있는 그 위에 또다시 좋지 못한 일을 가한다는 말. 參 엎어져 가는 놈 꼭뒤 찬다.

一事_{いちじ}が万事_{ばんじ}
한 가지 일이 만 가지 일이로다

한 가지를 보면 딴 것도 미루어 알 수 있다는 말. 參 하나를 보면 열을 안다.

一度餅食えば二度食おう

한 번 떡 먹으면 다시 먹자

한 번 은혜를 받으면 그것이 예사로와져서 버릇없이 굴게 된다는 말. 參 정월 초하룻날 먹어 보면 이월 초하룻날 또 먹으려 한다.

一難去って又一難(一難去而又一難)

일난 지나면 또 일난

한 가지 어려움이 지나면 또 다른 어려움이 닥친다는 말. 參 갈수록 태산이라. 산 넘어 산이라.

一日千秋の思い

하루가 천 년 같은 느낌

하루 기다리는 것이 오랫동안 기다리는 것처럼 여겨지는 안타까운 심정을 이른다. 參 일각이 삼추 같다(一刻如三秋).

一も取らず二も取らず

하나도 못 잡고 둘도 못 잡는다

두 가지를 다 잡으려다가 결국 하나도 못 잡는다는 말. [參]주인 많은 나그네 밥 굶는다.

一文(いちもん)儲(もう)けの百(ひゃく)失(うしな)い

한 푼을 벌려고 백을 잃는다

소리(小利)를 구하다가 큰 손해를 초래하는 것을 말함. [參]소탐 대실(小貪大失).

一夜(いちや)添(そ)うても妻(つま)は妻(つま)

하룻밤을 함께 해도 아내는 아내

가령 하룻밤이라도 같이 지내면 틀림없이 아내라고 해야 한다는 말. [參]하룻밤을 자도 헌 각시.

一夜(いちや)白髪(はくはつ)

일야백발

심한 근심으로 하룻밤 사이에 백발이 된다는 말. [參]머리가 모시 바구니가 되었다.

一葉(いちよう)落(お)ちて天下(てんか)の秋(あき)を知(し)る

나뭇잎 하나 떨어진 것을 보고 가을이 옴을 안다

한 가지 일을 보고 장차의 일을 짐작할 수 있음을 이른다. [參] 틈 난 돌이 깨지고 태 먹은 독이 터진다.

一輪咲いても花は花(いちりんさいてもはなははな)

한 송이가 피어도 꽃은 꽃

꽃의 대소 다과는 문제가 아니고 질이 문제라는 말.

一挙両得(いっきょりょうどく)

일거양득

한 가지 일을 하여 두 가지의 이익을 거둠을 이름. [參] 꿩 먹고 알 먹는다. 맛 좋고 값싼 갈치 자반.

一升の餅に五升の取粉(いっしょうのもちにごしょうのとりこ)

한 되의 떡에 닷 되의 쌀가루

주 되는 것보다 그에 따른 것이 뜻밖에도 많이 드는 것을 말함. [參] 고추장이 밥보다 많다.

一寸先の地獄(いっすんさきのじごく)

한 치 앞의 지옥

위험은 가까운 데 있고, 사람은 어떤 재앙을 당할지 모른다는 말. ㉠ 한 치 앞의 어둠.

一寸のことを一丈に言いなす
한 치 일을 한 발로 말한다

침소봉대(針小棒大)하여 말하는 비유. ㉠ 바늘 끝만한 일을 보면 쇠공이만큼 늘어놓는다.

一寸延びれば尺
한 치 물리면 자(尺)

한 번 연기하기 시작하면 자꾸 더 끌어간다 함이니, 무슨 일이나 뒤로 미루는 것을 경계하는 말. ㉠ 하루 물림이 열흘 간다.

一寸の虫にも五分の魂
한 치 벌레에도 오 푼의 혼

아무리 작고 약한 자라도 그만한 의지는 있어서 업신여기지 못한다는 말. ㉠ 지렁이도 밟으면 꿈틀한다.

一寸法師の背くらべ
난장이 키 대보기

모두 비슷비슷하여 특별히 두드러진 것이 없음의 비유.
🍁도토리 키 재기. 참새가 기니 짧으니 한다.

一殺多生 (いっさつたしょう)

일살다생

많은 사람을 구조하기 위하여 한 사람을 희생시킨다는 말.

一匹狂えば千匹の馬も狂う (いっぴきくるえば せんびきの うまも くるう)

한 마리 미치면 천 마리 말도 미친다

군중심리란 것은 약간의 암시로 쉽게 움직이게 되고, 부화뇌동함을 이름. 🍁한 마리 고기가 온 강물 흐린다.

いつも月夜に常九月 (いつも つきよに じょうくがつ)

언제나 달밤에 항상 구월

음력 구월은 가을 추수의 달, 좋은 계절이니 늘 구월이면 좋겠다는 마음으로 하는 말. 🍁옷은 시집 올 때처럼, 음식은 한가위처럼.

従兄弟糸ほど (いとこ いとほど)

사촌 실낱만큼

사촌이라면 혈연이라 해도 관계가 소원해지는 것을 이르는 말. [參] 사돈의 팔촌.

井戸端(いどばた)の童(わらべ)

우물가의 어린애

마음에 몹시 걱정이 된다는 비유. [參] 우물가에 애 보낸 것 같다.

田舎(いなか)の利口(りこう)より京(きょう)の馬鹿(ばか)

시골의 똑똑한 사람보다 서울의 멍청이

시골에서 공부하는 사람보다 서울의 게으름뱅이가 견식이 넓다는 말. [參] 세상 모르고 약은 것은 세상이 넓은 못난이만 못하다.

犬(いぬ)にも食(く)わせず棚(たな)にも置(お)かず

개에게도 먹이지 않고 선반에도 두지 않는다

인색한 사람의 하는 것을 비유한 말. [參] 나 먹자니 싫고 개 주자니 아깝다.

犬(いぬ)は三日(みっか)飼(か)えば三年(さんねん)恩(おん)を忘(わす)れぬ

개는 사흘 기르면 삼 년 은혜를 잊지 않는다

개도 은혜를 잊지 않으니, 하물며 사람으로서 은혜를 잊어서는 안 된다는 말. [參] 개도 닷새가 되면 주인을 안다. 개도 주인을 알아본다.

犬(いぬ)も歩(ある)けば棒(ぼう)にあたる

개도 쏘다니면 몽둥이 맞는다

쓸데없는 참견을 하면 화를 입는다. 또는 나돌아다니면 뜻하지 않은 행운과 마주치는 수가 있다는 말. [參] 호박이 굴렀다. 우물 길에서 반살기 받는다.

命(いのち)長(なが)ければ恥(はじ)多(おお)し

목숨이 길면 수치도 많다

단명한 사람에 비하면, 오래 살아 있으면 창피를 당할 것도 많다는 말.

井(い)の中(なか)の蛙(かわず)大海(たいかい)を知(し)らず

우물 안의 개구리 바다를 모른다

자기의 좁은 식견에 사로잡혀 따로 넓은 세계가 있음을 모르고 있다는 비유. [參] 좌정관천(座井觀天)

今の情は後の仇

지금의 동정은 뒤의 원수

안이한 친절은 후일에 도리어 해가 된다는 말. [參] 은혜를 원수로 갚는다.

いやいや三杯

싫다면서 석 잔 술

술 좋아하는 사람이 말만으로 사양하면서, 권하는 대로 마지못해 마시는 체하는 것을 이른 말. 말만인 사양을 비웃는 말.

いらぬ物も三年たてば用に立つ

쓸모없는 물건도 삼 년 지나면 소용에 닿는다

지금 불필요한 것이라도 언젠가는 소용에 닿는 날이 있다는 말. [參] 사람에 버릴 사람 없으며, 물건에 버릴 물건 없다.

煎り豆の選り食い

볶은 콩 골라 먹기

처음에는 좋은 것을 고르다가 점점 적게 되면 고르지

않게 된다는 말. ㊂ 볶은 콩도 골라 먹는다.

色の白いは七難隠す
살색이 흰 것은 칠난을 감춘다

살색이 흰 것은 미인의 큰 조건이지만, 용모가 약간 반듯하지 않아도 마음에 걸리지는 않는다는 말. 칠난은 일곱 가지의 결점. ㊂ 두부 살에 바늘 뼈.

いろはのいの字も知らぬ
'이로하'의 '이' 자도 모른다

심히 무식함을 이르는 말. 'いろは'는 平仮名 47자의 첫 세 글자. 한글 가나다에 해당함. ㊂ 가갸 뒷자도 모른다. 낫 놓고 기역 자도 모른다.

鰯の頭も信心から
정어리 대가리도 믿기 나름

정어리 대가리처럼 하찮은 것이라도 믿음을 가지면 고마운 것이 된다는 말.

言わぬは言うに勝る
말하지 않는 것이 말하는 것보다 낫다

수다스러운 말을 늘어놓기보다는 오히려 침묵이 낫다는 말. ㉠ 침묵이 금이다. 병에 찬 물은 소리가 안 난다.

言(い)わねば腹(はら)張(は)る

말을 안하면 배가 부푼다

속으로 생각하고 있는 것을 말하지 않으면 불쾌감이 배에 쌓이게 되어 기분이 나쁘다는 말. ㉠ 고기는 씹어야 맛이 나고, 말은 해야 시원하다.

[う]

憂(う)いも辛(つら)いも食(く)うの上(うえ)

걱정도 쓰라림도 먹은 뒤 이야기

의식주의 괴로움에 비하면 보통 노고나 걱정은 대수롭지 않다는 말. [參] 이 설움 저 설움 해도 배고픈 설움이 제일.

飢(う)えたる犬(いぬ)は棒(ぼう)を恐(おそ)れず

굶주린 개는 몽둥이를 두려워하지 않는다

인간도 먹기 위해서는 법을 어기게 될 수도 있다는 말. [參] 목구멍이 포도청. 사흘 굶어 도둑질 아니할 놈 없다.

上直(うえちょく)なれば下安(しもやす)し

위가 바르면 아래도 편하다

정치를 하는 사람이 바르면 국민의 생활도 편안해진다는 말. [參] 웃물이 맑아야 아랫물이 맑다.

48 … うえに

上(うえ)には上(うえ)がある
위에는 위가 있다

최상이란 것은 좀처럼 없는 것인데, 위에는 위가 있고 아래에는 아래가 있다는 말. 參 기는 놈 위에 나는 놈이 있다. 뛰는 놈이 있으면 나는 놈이 있다.

魚心(うおごころ)あれば水心(みずごころ)
오는 정이 있어야 가는 정이 있다

무엇이나 상대편 나름으로서, 상대가 호의를 베풀어 주면 이쪽에서도 호의를 베풀겠다는 말. 參 인정도 품앗이라.

魚(うお)の木(き)にのぼる如(ごと)し
물고기가 나무에 오르는 격

사정이 다르고 해볼 도리가 없다는 말. 어찌할 수 없는 불리한 태세의 비유.

魚(うお)の水(みず)を離(はな)れたよう
물고기가 물을 떠난 것 같다.

유일하게 믿고 있던 것을 잃어 할 바를 모르고 곤경에 처하게 됐다는 비유. 參 물 밖에 난 고기. 덫에 치인 범.

浮き沈み七度
부침 일곱 번

일생 중에는 몇 번이나 부침이 있는 것인데, 결코 처음부터 최후까지 안정할 수는 없다는 말. 흥망성쇠는 세상의 상사이다. 參 홍진비래(興盡悲來).

浮世は衣裳七分
현세는 의상이 칠 푼

세상에선 흔히 외관을 중시하고 내용은 경시하는 경향이 있다는 것을 이름. 參 옷이 날개다.

浮世は心次第
뜬세상은 마음 나름이다

인간은 마음가짐에 따라 생활을 즐겁게 지낼 수도 있고, 괴롭게 지낼 수도 있다는 말. 參 우희(憂喜)는 마음에 있다.

浮世渡らば豆腐で渡れ
뜬세상 살아가려면 두부처럼 처세하라

이 세상은 네모난 두부처럼, 정직한 마음과 모나지 않고 부드러운 성격으로 사는 것이 제일 좋은 처세법이라는 말.
參 정직은 일생의 보배.

雨後の筍
우후죽순

비 온 뒤는 죽순의 성장세가 좋으니, 계속해서 많이 일어나는 모양을 비유함.

兎を見て犬を放つ
토끼를 보고 개를 놓아준다

토끼를 보고 개를 놓아주어도 아직 늦지는 않고 충분하다. 실패한 후에 일을 다시 한다 해도 결코 너무 늦지는 않다는 비유. 參 망양보뢰(亡羊補牢).

氏素性は恥かしきもの
가문・태생은 부끄러운 것

태생・혈통의 선악은 반드시 인품에 나타나서 속일 수 없는 것이라는 말. 參 씨 도둑은 못한다.

氏無くして玉の輿
가문 없어도 옥가마

여자는 태어난 가문이 좋지 않아도 용모가 아름다우면 일약 부자집으로 출가함의 비유. ❀ 여자는 높이 놀고 낮게 논다.

牛啼いて馬応ぜず
소가 울어도 말은 응하지 않는다

동류가 아니면 동조하지 않는다는 말. 지위나 신분이 같은 사람끼리 한 패가 된다. ❀ 유유상종(類類相從).

牛を馬に乗り換える
소를 말로 바꿔 타다

형편을 보아 유리한 편에 붙는다는 말. ❀ 두 길마 보기.

牛に引かれて善光寺参り
소에게 끌려서 젠고지(善光寺)에 참배 간다

남의 권에 따라가서 우연히 뜻하지 않았던 데에 이른다는 말.

소에게 빨래한 것을 빼앗긴 노파가 소를 쫓아간 결과

善光寺에 가게 되었다는 고사에서 나온 말. 善光寺는 長野縣에 있는 유명한 절. ㉠ 동무 따라 강남 간다.

牛の小便と親の意見

소의 오줌과 어버이의 훈계

소의 오줌은 줄줄 길고 많으나, 거름으로는 효험이 적다. 어버이의 훈계도 그와 마찬가지로 길기만 하고 조금도 꾸짖은 보람이 없는 것이다. 어버이가 돌아가신 후, 그 훈계가 뼈저리게 느껴지는 것이다.

牛に対して琴を弾ず

소를 대하여 거문고를 뜯는다

아무리 타일러도 당사자에게 아무런 일깨움도 주지 못함을 이르는 말. ㉠ 쇠귀에 경 읽기. 마이동풍(馬耳東風).

牛は牛づれ馬は馬づれ

소는 소끼리, 말은 말끼리

언제나 같은 환경에 있는 사람끼리 어울리는 것이 좋다. 끼리끼리 모인다. ㉠ 가재는 게 편이라.

牛も千里馬も千里
소도 천리, 말도 천리

　교졸지속(巧拙遲速)의 차이는 있을지언정 결국은 같은 장소에 도달한다는 뜻을 비유하여 이르는 말. ㊐ 말 가는 데 소도 간다.

嘘から出た実
거짓말에서 나온 진실

　처음에는 거짓말이었던 것이 사람이 전하는 동안에 사실로 나타나는 일을 말함. 거짓말 같은 사실.

嘘つき世渡り上手
거짓말장이 처세가 능하다

　처세가 능한 사람 중에는 거짓말장이가 많다는 말. 거짓말장이는 잔재주가 있고, 명쾌한 변설로 만사에 빈틈이 없으며, 작은 거짓말을 많이 한다는 말. ㊐ 거짓말도 잘하면 오히려 논 닷마지기보다 낫다.

嘘の世の中
거짓말의 세상

세상에는 거짓말이 많고 진실은 적다는 것이다. 선의의 거짓말, 악의의 거짓말에 둘러싸여 인간은 살아가는 것이라는 말.

嘘(うそ)も方便(ほうべん)

거짓말도 방편이다

거짓말도 때와 장소에 따라서 하나의 수단이 된다는 말. 사생활의 윤활유로 쓰이는 때가 있다. [參] 거짓말이 외삼촌보다 낫다.

疑(うたがい)は詞(ことば)で解(と)けぬ

의혹은 말로 풀리지 않는다

한 번 혐의를 받으면 말로 아무리 변명해도 좀처럼 풀리지 않는다는 말.

打(う)たれても親(おや)の杖(つえ)

맞아도 어버이의 지팡이

어버이가 아들을 때리는 것은 자애의 마음에서 하는 짓이기 때문에 맞아도 원망이 없다는 말. [參] 웃고 사람 친다.

內の米の飯より隣の麦飯

우리 집 쌀밥보다 이웃 집의 보리밥

남의 것은 무엇이든지 좋아 보이고 많아 보인다는 말.
㊛ 남의 밥에 든 콩이 더 굵어 보인다.

內裸でも外錦

든 알몸이나 난 비단

가난하여 집 안에서는 알몸 같은 모양이지만, 밖에 나갈 때에는 몸을 꾸미고 모양을 내는 것을 이르는 말. ㊛ 든 거지 난 부자.

內弁慶

아랫목 대장

집안 식구에게만 큰소리를 치면서, 남에게는 비굴한 사람을 이른다. 弁慶은 鎌倉時代 初期의 장사. 源義經의 심복. ㊛ 이불 속에서 활개친다.

內股膏薬

허벅지에 붙인 고약

줏대없이 이쪽에 붙었다 저쪽에 붙었다 하는 사람의 비

56 … うつくし

유. ㊅ 간에 가 붙고 염통에 가 붙는다.

美しい花にはよい実はならぬ
아름다운 꽃에 좋은 열매는 안 맺는다

외관만으로는 사물의 선악을 알 수 없다는 말. ㊅ 말 단 집에 장이 단 법 없다.

獨活の大木
땅두릅의 큰 나무

덩치만 크고 쓸모없는 사람의 비유. 무용지물을 말함. ㊅ 키 크고 싱겁지 않은 사람 없다.

鵜のまねする烏
가마우지 흉내내는 까마귀

자기의 재능을 돌보지 않고 남의 흉내를 내어 실패하는 사람을 이르는 말. ㊅ 뱁새가 황새를 따라가면 가랑이가 찢어진다.

乳母の家より秋山に行け
유모의 집보다 가을 산에 가라

가을 산에는 먹을 것이 많고 행락에도 좋은 계절이라는 뜻. [參] 가을에 밭에 가면 가난한 친정에 가는 것보다 낫다.

うまい物(もの)は一人(ひとり)で食(く)え

맛있는 것은 혼자 먹어라

맛있는 것은 혼자 먹으면 많이 먹을 수 있다는 말. [參] 가을 아욱국은 계집 내어쫓고 먹는다. 동냥은 혼자 간다.

馬(うま)疲(つか)れて毛(け)長(なが)し

말 지쳐서 털만 길다

사람도 오랫동안 가난하게 지내면 지혜도 둔해지고 초라한 모습이 된다는 말. [參] 마른 말은 꼬리가 길다.

馬(うま)には乗(の)って見(み)よ人(ひと)には添(そ)うて見(み)よ

말은 타 보라, 사람과는 상종해 보라

조심이나 낯가림만 해서는 언제까지나 일의 진전이 없다는 뜻. [參] 물은 건너보아야 알고 사람은 지내보아야 안다.

馬も買わずに鞍買う

말도 안 사고 안장 산다

사물의 앞뒤 순서가 뒤바뀌었다는 뜻. 참 망건 쓰고 세수한다.

生まれぬ先の襁褓

낳기도 전에 기저귀

준비가 너무 빠르다는 비유. 참 시집도 아니 가서 포대기 장만한다.

海に千年河に千年(海千山千)

바다에서 천 년, 강에서 천 년

세상의 모든 일을 골고루 겪어서 노련한 사람을 이르는 말. 참 산전수전 다 겪었다.

生みの親より育ての親

낳은 부모보다 기른 부모

낳기만 해준 부모보다 양육해준 부모에게 더 애정이 우러나고 은혜가 느껴진다는 말. 참 낳은 정보다 기른 정이 낫다.

海も見えぬ舟用意
바다도 안 보이는데 배 준비

준비가 너무 빠르다는 뜻. 參 중매 보고 기저귀 장만한다.

裏には裏がある
뒤에는 뒤가 있다

그 이면에는 또 다른 이면이 있다. 내용이 복잡하여 진상을 알 수가 없다는 비유.

恨みは恩で報いよ
원한은 은혜로 갚아라

원한이 있는 사람에게는 은혜로 보답하는 것이 인자(仁者)의 길이라는 말. 參 원수는 순(順)으로 풀라.

売り言葉に買い言葉
파는 말에 사는 말

오는 말에 가는 말. 오는 정이 있으면 가는 정이 있고, 폭언에는 폭언으로 응함을 이르는 말. 參 가는 말이 고와야 오는 말이 곱다.

瓜に爪あり爪に爪なし
오이에 발톱 있고, 발톱에 발톱 없다

과(瓜) 자와 조(爪) 자의 차이를 가리키는 말.

瓜の蔓に茄子は生らぬ
오이 덩굴에 가지는 안 열린다

혈통은 속일 수 없는 것이어서, 평범한 부모로부터 비범한 아이가 태어나지는 않는다는 말. 參 콩 심은 데 콩 나고, 팥 심은 데 팥 난다.

瓜二つ
세로 쪼갠 참외와 같다

참외를 두 개로 쪼개면 좌우의 구별이 되지 않음과 같이, 꼭 닮음의 비유.

漆は剝げても生地は剝げぬ
옻칠은 벗겨져도 본바탕은 벗겨지지 않는다

도금은 벗겨지기 쉬우나 타고난 소질은 변하지 않는다는 말. 參 세 살 적 버릇이 여든까지 간다.

噂をすれば影がさす
남의 말 하면 그림자가 든다

남의 말을 하고 있는데, 우연히 그 당자가 나타남을 이름. 參 호랑이도 제 말 하면 온다.

運を待つは死を待つにひとしい
운을 기다리는 것은 죽음을 기다리는 것과 같다

아무 노력도 하지 않고 운이 트이는 것을 기다리는 것은 시간만 낭비할 뿐이어서 마침내는 머리가 세었다는 말이 된다. 최선을 다하지 않으면 운은 오지 않고 확실히 오는 것은 죽음뿐이다..

雲泥の差
운니지차(雲泥之差)

하늘과 땅의 차이라 함이니, 매우 차이가 심한 것을 이름. 參 천연지차(天淵之差).

運は天にあり
운은 하늘에 있다

사람의 팔자는 하늘이 관장하는 것인데, 하늘이 정하신 대로 되어 가는 것이라는 말. 인력으로는 어떻게 할 수 없다는 말. 參 팔자는 독에 들어가서도 못 피한다.

運否天賦
운부천부

사람의 운의 길흉은 하늘이 정한다는 것. 사람의 힘으로는 어떻게 할 수가 없음. 參 팔자 도망은 독 안에 들어도 못한다.

え

榮枯は移る世の姿
영고성쇠(榮枯盛衰)는 변천하는 세상의 모습

온갖 것이 한 번 성하고 차면 다시 기울어진다는 말. ㉸ 달도 차면 기운다.

英雄色を好む
영웅은 색을 좋아한다

영웅은 고금을 막론하고 정력이 왕성하여 여색(女色)을 좋아하는 경향이 강함을 이름. 여색을 좋아하는 변명으로 쓰임.

笑顔に当てる拳はない
웃는 얼굴을 때리는 주먹은 없다

강한 태도로 임하는 상대방에게는 온순한 태도로 대하는 것이 효과적이라는 말. ㉸ 존대하고 뺨 맞지 않는다.

易者身の上知らず
점장이가 제 신상을 모른다

사람은 자기가 제 일을 처리하기 어렵다는 비유. 🔖 무당이 제 굿 못한다.

餌の中の鉤
모이 속의 바늘

감언에는 나쁜 음모가 수반된다는 말. 유혹에 조심하라는 경고. 🔖 향기 나는 미끼 아래 반드시 죽는 고기 있다.

枝先に行かねば熟柿は食えぬ
가지 끝에 닿지 않으면 홍시는 먹을 수 없다

좋은 것을 얻으려면 위험을 무릅쓰지 않으면 안 된다는 말. 안이한 방법으로는 큰 효과는 얻을 수 없다.

枝の多い木が風の止む日がない
가지 많은 나무가 바람 잘 날이 없다

자식이 많으면 걱정도 많고 하루도 마음이 편할 날이 없음을 이름. 🔖 가지 많은 나무가 잠잠할 적 없다.

枝(えだ)は枯(か)れても根(ね)は残(のこ)る

가지는 말라도 뿌리는 남는다

화근을 없애는 것은 어려운 일이라는 뜻.

枝葉(えだは)のしげりには実(み)少(すく)なし

가지와 잎이 우거진 나무에는 열매가 적다

사람도 말 많은 수다장이는 성의가 적다는 말. 參 말이 많으면 쓸 말이 적다.

枝(えだ)を伐(き)って根(ね)を枯(か)らす

가지를 잘라 뿌리를 말린다

처음에는 쉬운 말단부터 손을 대어 차츰 그 근본에까지 이르게 함.

得手(えて)に帆(ほ)を上(あ)げる

순풍에 돛을 난다

순풍은 좋은 기회, 돛은 자기의 장기. 좋은 기회를 이용하여 자기의 가장 능한 재주를 발휘한다. 그리고 신나게 일을 진행시킨다는 비유. 參 바람 따라 돛을 단다.

江戸(えど)の敵(がたき)を長崎(ながさき)で討(う)つ

에도(江戸 ; 땅 이름)의 원수를 나가사키(長崎)에서 갚는다.

뜻하지 않은 곳에서 또는 당치도 않은 일에 앙갚음을 한다는 비유. 江戸는 東京의 옛 이름. [參] 종로에서 뺨 맞고 한강에 가서 눈 흘긴다.

絵(え)にかいた餅(もち)

그림의 떡

실현될 수 없는 계획이나 이상의 비유. 쓸모가 없다는 비유. [參] 화병(畫餠). 보고 못 먹는 것은 그림의 떡.

柄(え)のない所(ところ)に柄(え)をすげる

자루 없는 곳에다 자루를 끼운다

당치도 않은 이유를 내세우고 억지 쓰는 것을 말함.

蝦踊(えびおど)れど川(かわ)を出(い)でず

새우는 뛰어도 강을 떠나지 않는다

새우는 아무리 뛰어도 한평생 강에서 나갈 수 없다. 일에는 제각기 하늘에서 주어진 운명이 정해져 있다는 말. [參] 게 새끼는 나면서 집는다.

蝦で鯛を釣る

새우로 도미를 낚는다

작은 물건이나 노력으로 많은 이익을 얻음의 비유. 參 보리밥알로 잉어 낚는다. 바늘을 넣고 도끼 나온다.

笑みの中の刀

웃음 속의 칼

겉으로는 친절한 체하지만 속으로는 도리어 해롭게 한다는 말. 參 웃음 속에 칼이 있다. 웃고 사람 친다.

選んで粕を摑む

고르다가 찌끼를 얻는다

너무 고르면 오히려 제일 나쁜 것을 갖게 된다는 말. 參 너무 고르다가 눈먼 사위 얻는다.

縁あれば千里

인연이 있으면 천리라도 만나기 쉽다

인연이란 묘한 것이어서 천리 떨어진 사람과 부부가 되는 경우도 있고, 가까운 데 있어도 인연이 없으면 얼굴도 못 보는 경우가 있다는 말.

遠水近火を救わず
 먼 데 있는 물 가까이의 불을 끄지 못한다

 먼 데 있는 일가보다 이웃에 사는 남이 만일의 경우에는 의지가 된다는 말. ⓟ 먼 일가와 가까운 이웃.

縁と命は繋がれぬ
 인연과 목숨은 잇대지 못한다

 인연도 목숨과 같이 한 번 끊어지면 다시 매는 일을 할 수 없으니 소중히 하라는 말.

炎にして付き寒にして棄つ
 더우면 붙고 차면 버린다

 좋을 때는 환영하고 싫어지면 버린다는 비유. 인정이 야박하다는 뜻. ⓟ 달면 삼키고 쓰면 뱉는다.

縁の下の筍
 마루 밑의 죽순

 위가 막혀 입신 출세(立身出世)의 가망이 없는 사람의 비유.

遠慮(えんりょ)なければ近憂(きんゆう)あり

먼 염려가 없으면 가까운 근심이 있다

눈앞의 안일에 젖어, 먼 장래의 일을 미리 생각해두지 않으면 반드시 급한 걱정거리가 생기는 것이라는 말.

遠慮(えんりょ)ひだるし伊達寒(だてさむ)し

사양은 배 고프고 멋 부림은 춥다

억지로 겉만 보기 좋게 꾸미려는 행동의 비유. [參]몸 꼴 내다 얼어 죽는다.

お

老いたる馬は道を忘れず
늙은 말은 길을 잊지 않는다

경험을 쌓은 자는 사물의 방침이나 판단을 잘못하지 않는다. 또, 대대로 은혜를 입은 자는 언제까지나 옛 주인의 은혜를 잊지 않는다는 비유.

老いては子に従え
늙어서는 자식한테 따라라

노후에는 무엇이든 자식에게 맡기고, 그가 하자는 대로 따라감이 좋다는 말. 參 노즉종자(老則從子).

負うた子に淺瀨
업은 자식에게 얕은 여울(을 배운다)

업은 아이가 가르치는 대로 얕은 여울을 건넌다는 말로, 자기만 못한 사람의 가르침을 받는다는 비유. 參 업은 자식에게 배운다.

負うた子より抱いた子
업은 아이보다 안은 아이

자기와 가까운 것을 먼저 또는 소중히 하는 것이 인간의 상정이란 말. 參 팔이 안으로 굽는다.

大犬は小犬をせめ, 小犬は糞せめる
큰 개는 강아지를 책하고, 강아지는 똥을 책한다

차례차례로 약한 자를 괴롭히는 말인데, 아래에는 아래가 있다는 말. 參 함박 시키면 바가지 시키고, 바가지 시키면 쪽박 시킨다.

大風に灰をまく
강풍에 재를 뿌린다

거액의 금전을 낭비하는 것을 비유함.

大風のあしたは大天氣
강풍이 분 그 이튿날은 쾌청한 날씨

강풍이 지나간 뒤는 좋은 날씨라는 말. 參 큰 바람 뒤에는 고요하다.

大きい薬罐は沸きが遅い
큰 주전자는 더디 끓는다

큰 인물은 급작스럽게 이루어지지 않는다는 비유. 參 대기만성(大器晚成).

大きな大根は辛くない
큰 무우는 맵지 않다

키가 큰 사람 중에는 얼빠진 사람이 많다는 말. 參 키 크고 묽지 않은 놈 없다.

大勢の口にはかなわぬ
여럿의 입에는 당할 수 없다

다수 의견이나 여론에는 당할 수 없다는 말. 參 입이 여럿이면 금도 녹인다.

大船も小さな穴から沈む
큰 배도 작은 구멍으로 인하여 가라앉는다

조그마한 일을 무시한데서 큰 손해를 초래했을 때 이름.
㊅ 개미 구멍으로 공든 탑 무너진다.

大風呂敷を廣げる
_{おおぶろしき}　_{ひろ}

큰 보자기를 펼친다

허풍을 떨고 큰소리하는 것을 말함. ㊅ 까치 뱃바닥 같다.

尾から行くも谷から行くも同じこと
_お　_い　_{たに}　_い　_{おな}

산등성이로 가나 산골짜기로 가나 마찬가지다

방법은 달라도 목적은 같다는 뜻. ㊅ 둘러치나 메어치나 매일반.

起きて半畳, 寝て一畳
_お　_{はんじょう}　_ね　_{いちじょう}

일어나면 다다미 반 장, 누우면 한 장

혼자서 차지하는 자리는 얼마 안 되는 것이니, 제각기 분에 만족하여 사는 것이 좋다는 말. ㊅ 죽고 보면 떡섯 자.

沖のはまち
_{おき}

난 바다의 방어

아직 손에 들어오기 전에 그것을 예상하는 부질없는 짓을 이름. [參] 물엣 고기 금치기.

奥歯(おくば)に剣(つるぎ)

어금니에 칼

상대방에게 적의를 가지고 있으나, 겉으로는 나타내지 않는다는 비유. [參] 웃음 속에 칼이 있다.

驕(おご)る者(もの)は久(ひさ)しからず

교만한 자는 오래 가지 않는다

영화를 누리고 거만을 떨면 오래 가지 않아 망하게 된다는 말. [參] 십 년 세도 없고 열흘 붉은 꽃 없다.

教(おし)うるは学(まな)ぶの半(なか)ば

가르침은 배움의 절반

남을 가르치는 것은 가르치는 사람에게도 공부가 된다는 말.

伯父(おじ)を見(み)ると荷(に)が重(おも)い

백부를 보니 짐이 무거워진다

의뢰심이 생기면 기백과 기력이 없어진다는 말로, 남에게 의뢰하는 마음을 가지지 말라는 경고.

夫あれば親忘る

남편이 생기면 어버이를 잊는다.

여자가 출가하게 되면 친정의 부모보다도 남편이나 아이들을 더 받들어 섬긴다는 말. 參 출가외인(出嫁外人).

夫の心と川の瀬は一夜に變わる

남편의 마음과 강의 여울은 하룻밤에 변한다

사나이의 애정이 변하기 쉽다는 비유. 參 계집은 상을 들고 문지방을 넘으면서 열 두 가지 생각을 한다.

男は度胸, 女は愛嬌

남자는 배짱, 여자는 애교

남자에게 배짱이 있어야 하는 것처럼, 여자에게는 애교가 있어야 한다는 말.

男やもめに蛆がわき, 女やもめに花が咲く

홀아비에게는 구더기가 들끓고, 과부에게는 꽃이 핀다

홀아비는 돈을 모으지 못하고 또 주변이 더럽지만, 과부는 알뜰해서 집안에서 꽃이 핀다는 말. ㊉ 홀아비는 이가 서 말, 과부는 은이 서 말.

同じ釜の飯を食う
한 솥의 밥을 먹는다

함께 한 솥의 밥을 먹는 친한 사이를 말함.

斧をとぎて針となす
도끼를 갈아서 바늘을 만든다

끊임없이 노력하면 어떤 일이라도 이룰 수 있다는 말. ㊉ 무쇠도 갈면 바늘 된다.

鬼が出るか佛が出るか
귀신이 나오느냐, 부처가 나오느냐

전도가 길조일지 흉조일지 모른다는 비유. 잘 될지 못 될지 여하튼 해보지 않으면 결과는 얻을 수 없다는 말.

鬼瓦にも化粧
귀와에도 화장

보기 흉한 여자라도 화장을 하면 다소 보기가 좋아진다는 말. 鬼瓦는 귀신의 얼굴 모양인 기와. ⚫ 쇠 말뚝도 꾸미기 탓이라.

鬼に金棒
귀신에게 쇠 몽둥이

강한데다 힘이 더하여 아주 강해짐의 비유. ⚫ 범에게 날개.

鬼の居ぬ間の洗濯
귀신이 없는 새에 빨래질

무서운 사람이 없는 동안에 제멋대로 노는 것을 말함. ⚫ 범 없는 골에는 토끼가 스승이다.

鬼の霍乱
귀신의 곽란

평소에 튼튼한 사람이 병에 걸림의 비유. 日射病. 급성 장카타르를 이르는 말.

鬼の首を取ったよう
귀신의 목을 벤 듯

이 위에 더없는 공을 세운 것처럼 뽐내는 모양.

鬼の空念佛

귀신의 거짓 염불

마음속에는 무정 냉혹한 것을 가지고 있으면서도, 입으로는 염불을 외는 것을 말함. 參 마음에 없는 염불.

鬼の女房には鬼神がなる

도깨비의 아내에게는 귀신이 된다

도깨비와 같은 남편에게는 그에게 어울리는 귀신과 같은 여편네가 시집간다는 말. 서로 닮은 부부. 參 깨어진 남비에 꿰맨 뚜껑.

鬼も十八, 番茶も出花

귀신도 18세, 엽차도 갓 달인 향차

아무리 못생긴 여자라도 시집갈 나이가 되면 제법 아름다와 보인다는 비유. 參 나이 차 미운 계집 없다.

鬼も頼めば人を食わない

귀신도 잡아 먹어 달라고 부탁하면 안 잡아간다

부탁을 하면 오히려 해주지 않는다는 비유. [參] 하던 지랄도 멍석 펴놓으면 안한다.

帯(おび)に短(みじか)し襷(たすき)に長(なが)し

떠로는 짧고, 멜빵으로는 길다

넘고 처지는 경우를 말함. 불완전하여 쓸데없다는 비유. [參] 자에도 모자랄 적이 있고, 치에도 넉넉할 적이 있다.

溺(おぼ)れる者(もの)は藁(わら)をも摑(つか)む

물에 빠진 사람은 지푸라기라도 잡는다

사람이 위급한 때를 당하면 수단을 가리지 않고 당황하게 된다는 뜻. [參] 급하면 부처 다리 끌어안는다.

思(おも)うに別(わか)れて思(おも)わぬに添(そ)う

생각하는데 헤어지고 생각치 않는데 짝지워진다

의중에 있는 사람과는 맺어지지 않고, 의중에 없는 사람과 결혼하게 된다. 남녀간의 연분은 생각대로 되지 않는다는 말.

親が憎けりゃ子も憎い

부모가 미우면 자식도 밉다

그 사람이 밉다 보니, 그에게 딸린 것까지도 다 밉게만 보인다는 말. 참중이 미우면 가사도 밉다.

親孝行と火の用心は灰にならぬ前

효도와 불조심은 재로 화하기 전

어버이가 살아 계시는 동안에 효도를 다하라는 말. 화재가 나기 전에 불조심하여야 된다. 어느 경우에도 재가 된 뒤에는 사후 약방문이라는 말.

親子の中でも金銭は他人

어버이와 자식 사이에도 금전은 남

금전 관계는 어버이와 자식 사이에 있어도 남처럼 대한다는 말.

親に似ぬ子は鬼子

어버이를 닮지 않은 자식은 남의 자식

자식은 반드시 어버이를 닮는다는 말.

親の打つ拳より他人の摩るが痛い
어버이가 때리는 주먹보다 남이 어루만지는 것이 아프다

어버이가 때리는 주먹에는 자애 어린 눈물이 있으나, 남이 위하는 체하는 친절에는 진심이 없다는 말.

親の思うほど子は思わぬ
부모가 생각하는 것만큼 자식은 생각하지 않는다

부모는 항상 자식을 걱정하는데, 자식은 그만큼 부모를 생각하지 않는다는 말. ㉾ 부모가 온 효자가 되어야 자식 반 효자.

親の掛替はない
부모의 여벌은 없다

부모가 살아 계시는 동안에 효성을 다하여야 한다는 말. ㉾ 제 부모 나쁘다고 내버리고, 남의 부모 좋다고 내 부모라 할까.

親の心子知らず
부모의 마음을 자식은 모른다

자식은 부모의 깊은 애정을 모르고 제멋대로 행동하는 것을 말함. ❀ 부모 속에는 부처가 들어 있고, 자식 속에는 앙칼이 들어 있다.

親の光は七光り
부모의 여광은 오래오래 비친다

자식이 부모의 여덕을 입는 것을 말함. ❀ 가문 덕에 대접받는다.

親は無くても子は育つ
어버이는 없어도 자식은 자란다

세상 일을 너무 걱정할 것 없다는 말.

親を見たけりゃ子を見ろ
어버이를 보고 싶으면 자식을 보아라

자식이 하는 말이나 하는 일을 잘 보면, 어버이의 사람됨을 엿볼 수 있다는 말.

親も親なり子も子なり
부모도 부모지만 그 자식도 자식이다

부모는 훌륭하지만 그 자식도 훌륭하다. 또 그 반대로 나쁜 경우에도 씀. 參 그 아버지에 그 아들. 부모가 착해야 효자가 난다.

及ばざるはそしる
못 미치는 자는 욕한다

능력이 남만 못한 자는 상대방을 질투하고 욕을 하는 것이라는 말.

愚か者に福あり
어리석은 사람에게 복이 있다

어리석은 사람은 남의 미움을 받을 일도 없고, 도리어 일생을 무사히 지낼 수가 있다는 말. 參 숟갈 한 단 못 세는 사람이 살림은 잘 한다.

終りよければ総べてよし
마지막이 좋으면 모두 좋다

마지막이 좋은 결과로 끝나면 지금까지 해 온 것이나 분쟁·실패 등은 묻지 않고, 서로 웃고 추억을 그리워하게 되는 것이라는 말.

尾を振る犬は叩かれず
꼬리를 흔드는 개는 매 맞지 않는다

잘 따르는 사람에게는 누구나 냉혹한 짓을 할 수가 없다는 말. 参 웃는 얼굴에 침 못 뱉는다.

女三人あれば身代が潰れる
여자 셋이면 파산하게 된다

딸이 셋이면 시집 보내는 준비로 가산이 바닥난다는 비유. 参 딸이 셋이면 문을 열어 놓고 잔다.

女三人寄れば姦しい
여자 셋이 모이면 시끄럽다

여자는 수다스럽다는 말. 参 여자 열이 모이면 쇠도 녹인다. 여자가 셋이면 나무 접시가 드논다.

女の一念岩をも透す
여자의 일념은 바위도 꿰뚫는다

여자의 집념이 매우 깊고 독하다는 것을 이르는 말. 参 일부 함원(一婦含怨) 오월 비상(五月飛霜).

女の知恵は鼻の先
여자의 지혜는 코끝

여자의 사려 분별은 눈앞의 것에 구애되어 원대한 사려가 모자란다는 것을 말함. 천박하다는 말.

女は三界に家なし
여자는 삼계에 집이 없다

여자는 안주할 곳이 없다는 말. 여자는 시집갈 때까지는 아버지, 시집가면 남편, 늙어서는 아들딸에게 따르는 것이니, 이 삼천 세계에 집이란 것은 없다. 봉건 시대의 여자의 위치를 말한 것.

恩を仇で返す
은혜를 원수로 갚는다

남의 은혜에 보답해야 할 자리에 도리어 해를 끼친다 하여 이름. ㉺ 배은망덕(背恩忘德). 범을 길러 화를 받는다.

か

飼犬に手を噛まれる
기르던 개한테 손을 물린다

돌보아준 사람에게 도리어 해를 입는다는 비유. ㊒ 내 밥 준 개 내 발등 문다. 믿는 도끼에 발등 찍힌다.

貝殻で海を測る
조개 껍질로 바다를 된다

좁은 견문으로 큰 문제를 논의한다는 말. ㊒ 이여측해 (以蠡測海).

買うは貰うに勝る
사는 것은 얻는 것보다 낫다

남의 은택으로 물건을 얻는 것보다 자기가 사는 것이 낫다는 말. 공짜보다 비싼 것은 없다.

返す阿呆に貸す阿呆
돌려주는 바보와 빌려주는 바보

물건을 빌려주면 되돌아오지 않는다고 생각하라는 말. 빌려주는 사람도, 돌려주는 사람도 바보.

蛙の子は蛙
개구리 새끼는 개구리

부모보다 더 뛰어난 자는 없다는 말. 參 콩 심은 데 콩 난다. 그 아비에 그 자식.

蛙の面に水
개구리 얼굴에 물을 끼얹는 격

어떠한 해로운 짓을 해도 상대편에게는 해가 되지 않는 것을 말함. 參 남생이 등에 풀쐐기 쏨 같다.

顔で笑って心で泣く
얼굴로 웃고 마음속에서 운다

마음속의 슬픔을 숨기고 웃는 낯으로 사람을 대한다는 말. 參 여자의 웃음은 주머니의 눈물.

88 … かおと

<ruby>顔<rt>かお</rt></ruby>と<ruby>心<rt>こころ</rt></ruby>は<ruby>裏表<rt>うらおもて</rt></ruby>

얼굴과 마음은 안과 겉

얼굴과 마음은 반드시 일치한다고는 할 수 없고, 겉으로 보기에는 아주 착한 것 같으나, 내심은 음흉한 사람도 있다는 말. 參 외보살(外菩薩) 내야차(內夜叉).

<ruby>顔<rt>かお</rt></ruby>に<ruby>泥<rt>どろ</rt></ruby>を<ruby>塗<rt>ぬ</rt></ruby>る

얼굴을 진흙으로 바르다

체면이 몹시 깎이어 창피를 당한다는 말. 參 얼굴에 똥 칠한다.

<ruby>踵<rt>かかと</rt></ruby>で<ruby>頭痛<rt>ずつう</rt></ruby>を<ruby>病<rt>や</rt></ruby>む

발뒤꿈치에서 두통을 앓는다

당치 않은 걱정을 하는 빗나간 근심의 비유. 參 더부살이 환자 걱정.

<ruby>鏡<rt>かがみ</rt></ruby>は<ruby>女<rt>おんな</rt></ruby>の<ruby>魂<rt>たましい</rt></ruby>

거울은 여자의 영혼

거울은 여자가 온 정성을 들이는 것이므로 여자의 마음과 같다는 말.

鍵の穴から天を覗く
열쇠 구멍으로 하늘 보기

좁은 지식이나 경험으로 큰 문제를 살피는 비유. 參 댓구멍으로 하늘을 본다.

餓鬼の目に水見えず
아귀의 눈에 물이 보이지 않는다

아귀는 기갈이 심해서 옆에 있는 물도 보이지 않는다는 말로, 초조하게 구하려 들면 평소에 흔했던 것도 눈에 안 뜨인다는 말. 參 개똥도 약에 쓰려면 없다.

餓鬼も人數
아귀도 인수

약한 사람이나 아동이라도 많이 모이면 집단이 되고, 그 집단의 힘은 경시할 수 없다는 말.

蝸牛角上の争い
와우각상의 싸움

달팽이의 뿔 위에서 싸운다는 말이니, 좁은 세상에서 사소한 일로 싸운다는 말. 參 와각지쟁(蝸角之争).

学問に近道なし

학문에 지름길이 없다

학문은 반드시 순서를 따라 공부해야 된다는 말.

駆ける馬にも鞭

달리는 말에도 채찍질

지금 하고 있는 정도로도 족한 일을 더욱 잘 하도록 재촉한다는 말. ⚘ 주마가편(走馬加鞭).

陰では殿の事も言う

뒤에서는 영주님의 험담도 한다

누구라도 남이 말하는 입을 막을 수는 없다는 뜻. 본인이 없는 데서 험담을 한다. ⚘ 다리 아래에서 원을 꾸짖는다.

陰に居て枝を折る

그늘 아래 있으면서 가지를 꺾는다

나무 그늘에서 더위를 피하던 사람이 그 나뭇가지를 꺾는다는 것은, 은혜를 원수로 갚는 배은망덕(背恩忘德)의 짓이라는 말. ⚘ 은혜를 원수로 갚는다.

駕籠舁き駕籠に乗らず
가마꾼 가마를 타지 않는다

항상 사람을 가마로 나르는 가마꾼은 가마를 타는 일이 없는 것과 같이, 직업이 되면 자기 일에는 소홀하게 되는 것이라는 말. ㊜ 대장장이 집에 식칼이 논다.

籠で水を汲む
광주리로 물을 푼다

아무리 노력해도 쓸데없음의 비유. ㊜ 한강투석(漢江投石).

駕籠に乗る人舁ぐ人
가마를 타는 사람, 메는 사람

인간은 새급이나 빈부의 차가 있고, 환경이 다르다는 말.

火事あとの釘拾い
불난 뒤 못 줍기

큰 손해를 당한 뒤 조금 절약한들 쓸데없다는 말. ㊜ 집 태우고 못 줍기.

火事(かじ)あとの火(ひ)の用心(ようじん)

불난 뒤의 불조심

때가 늦어서 쓸데없음의 비유. [參] 성복 뒤에 약방문.

賢(かしこ)い人(ひと)には友(とも)がない

영리한 사람에게는 친구가 없다

너무 영리한 사람은 벗을 만들 수 없다는 말. 인간은 완전무결보다 좀 모자라는 점이 있어야 사람이 마음 놓고 사귀게 되는 것이다. [參] 맑은 물에 고기 안 논다.

賢(かしこ)い子(こ)は早(はや)く死(し)ぬ

영리한 아이 요절한다

사람도 촉망받던 똑똑한 사람이 먼저 죽는다는 말. [參] 곧은 나무 쉬 꺾인다. 곧은 나무 먼저 꺾인다.

貸(か)した物(もの)は忘(わす)れぬが借(か)りた物(もの)は忘(わす)れる

빌려준 것은 잊지 않으나, 빈 것은 잊어버린다

사람은 누구든지 자기 사정만 생각하고 남의 일은 잊어버리는 것이라는 말.

佳人薄命
가인박명

미인은 날 때부터 몸이 약하거나 기구한 운명에 희롱되는 불행한 경우가 많다는 말.

鎹思案
꺾쇠 궁리

어느 것이나 잃어버리지 않도록 하자는 이기적인 궁리를 이르는 말.

稼ぎ男にくり女
벌이 잘 하는 남자에게 두름성 있은 여자

이상적인 부부 본연의 자세, 즉 모범적인 가정을 말한 것. ❀남편은 두레박, 아내는 항아리.

稼ぐに追いつく貧乏なし
부지런히 일하면 따라잡는 가난 없다

부지런히 일하면 가난을 면할 수 있다는 말. ❀부지런한 부자는 하늘도 못 막는다. 구르는 돌은 이끼가 안 낀다.

風に向かって唾す
바람을 거슬러 침 뱉기

남을 해치려다가 도리어 제게 해가 돌아올 때 쓰는 말. 參 누워서 침 뱉기.

風に柳
바람에 버드나무

바람 부는 대로, 움직이는 버드나무처럼 상대방에게 거슬리지 않고 적당히 다루고 몸을 보전함의 비유. 參 바람 부는 대로 물결 치는 대로.

風邪は百病の本
감기는 백 병의 근원

감기는 누구나 가볍게 생각하기 쉬우나, 여러 가지 병은 이것이 근원이 될 경우가 많다는 말.

風は吹けど山は動ぜず
바람은 불어도 산은 움직이지 않는다

주위의 사정이나 평판 등에 아랑곳하지 않고 초지를 관철하는 것을 말함. 參 까마귀 울어 범 죽으랴. 참새가 아무리 떠들어도 구렁이는 움직이지 않는다.

風待つ露 (かぜまつゆ)
바람 기다리는 이슬

바람이 불면 없어지는 이슬과 같은 덧없는 인생이라는 비유. ❀ 풀끝의 이슬. 파리 목숨 같다.

肩あれば着る (かたあればきる)
어깨 있으면 옷을 입는다

사람은 살아 있는 이상 어떻게든 먹고 입고 지내는 것이다. ❀ 세끼를 굶으면 쌀 가지고 오는 놈 있다.

堅い木は折れる (かたいきはおれる)
굳은 나무는 부러진다

굳은 것은 부러지기 쉬우나, 부드러운 것은 잘 견딜 수 있다. 사람도 내유외강(內柔外剛)이 좋다는 말.

堅い物は箸ばかり (かたいものははしばかり)
굳은 것은 젓가락뿐

자식을 매우 애지중지하여 사치스럽게 기르는 것을 말함. ❀ 불면 날까, 쥐면 꺼질까.

仇の金でもあれば使う
원수의 돈이라도 있으면 쓴다

곤란할 때는 후일에 재난을 초래하는 돈이라도 쓰게 된다는 말. ❀ 상감님 망건 사러 가는 돈도 써야만 하겠다.

仇の前より借金の前
원수의 앞보다 빚장이의 앞

빚은 괴로운 것인데 대주 앞에서는 엎드리어 고개를 숙일 수밖에 없다는 말. ❀ 빚진 죄인. 빚진 종이라.

片口聞いて公事を分くるな
한쪽 말만 듣고 송사를 판결하지 말라

어느 한편 말만 듣고는 일을 올바르게 판단할 수 없다는 뜻. ❀ 안방에 가면 시어머니 말이 옳고, 부엌에 가면 며느리 말이 옳다.

形は生めど心は生まぬ
몸은 낳아도 마음은 못 낳는다

자식의 현우 선악은 어버이의 탓이 아니고, 제각기 독립한 마음을 가지고 있다는 말. ❀ 자식 겉 낳지, 속은 못 낳는다.

<ruby>片<rt>かた</rt></ruby><ruby>手<rt>て</rt></ruby>で<ruby>錐<rt>きり</rt></ruby>は<ruby>揉<rt>も</rt></ruby>まれぬ

한 손으로 송곳은 비비지 못한다

일은 혼자서는 잘 되는 것이 아니라는 말. 참 외손뼉이 울지 못한다.

<ruby>片<rt>かた</rt></ruby><ruby>輪<rt>わ</rt></ruby>な<ruby>子<rt>こ</rt></ruby>ほどなお<ruby>可愛<rt>かわい</rt></ruby>い

불구의 자식일수록 더 귀엽다

불구의 자식에게는 육신이 온전한 자식보다 더 부모의 마음이 간다는 말.

<ruby>火<rt>か</rt></ruby><ruby>中<rt>ちゅう</rt></ruby>の<ruby>栗<rt>くり</rt></ruby>を<ruby>拾<rt>ひろ</rt></ruby>う

불 속의 밤을 줍는다

남의 이익을 위해서 위험을 무릅쓰는 것을 말함. 참 불집을 낸다.

<ruby>餓<rt>かつ</rt></ruby>えて<ruby>死<rt>し</rt></ruby>ぬは<ruby>一人<rt>ひとり</rt></ruby><ruby>飲<rt>の</rt></ruby>んで<ruby>死<rt>し</rt></ruby>ぬは<ruby>千人<rt>せんにん</rt></ruby>

기갈로 죽는 이는 한 사람, 술 마시고 죽는 이는 천 사람

굶어 죽는 자는 희소하나, 술을 지나치게 마시고 죽는 자는 실로 많다는 말. ㊂ 굶어 죽기는 정승하기보다 어렵다.

勝つことよりも負けぬことを考えよ
이기는 것보다 지지 않는 것을 생각하여라

냉정히 지지 않도록 유의하면 실력을 잘 발휘할 수 있고 결국은 이길 수 있다는 말. ㊂ 지는 것이 이기는 것.

渇して井を穿つ
목이 말라 우물 판다

당장 도움이 되지 않는다는 말. ㊂ 목 마른 놈이 우물 판다.

勝って兜の緒を締めよ
이겨서도 투구끈을 죄어 매라

싸움에 이기더라도 방심하지 말라. 비록 성공을 하였더라도 마음을 놓지 말고 더욱 조심하라는 말.

勝てば官軍負ければ賊軍
이기면 관군, 지면 적군

인간 세상에서는 강자(強者)가 정의로 간주된다는 말. ❀ 이기면 충신, 지면 역적.

金鎚の川流れ
쇠망치가 강물에 떠내려간다

쇠망치가 물에 뜰 수 없음과 같이, 평생 출세할 가망이 없음을 이름.

蟹の手をむしられたよう
게발을 떼낸 듯

의지할 곳을 잃고 망연자실하는 모양을 말함. ❀ 게발 물어 던지듯.

蟹の念佛
게의 염불

게가 거품을 내듯이, 입 속에서 낮은 소리로 무엇인가 중얼거리는 모양을 말함. ❀ 귀신 씨나락 까 먹는 소리.

蟹の横這い
게의 옆걸음

남이 보기에는 부자유스럽게 보이나 본인은 옆으로 가는 것이 편리하고 쉬운 일이라는 것을 말함. [參] 게걸음 친다.

金請(かねう)けはするとも人請(ひとう)けはするな

돈 보증을 설지언정 신원 보증은 서지 말라

돈은 변상하면 그만이지만, 인간에 대한 문제는 시끄럽다는 말. [參] 빚 보인하는 자식은 낳지도 말라.

金(かね)が有(あ)れば馬鹿(ばか)でも旦那(だんな)

돈만 있으면 바보라도 나리

돈만 있으면 바보라도 나리라고 불리고 존경을 받는다는 말. [參] 돈이 장사라. 돈이 제갈량.

金(かね)で面(つら)を張(は)る

지폐 뭉치로 얼굴을 친다

돈의 힘으로 상대방을 굴복시켜 자기 체면을 세운다는 말. [參] 돈으로 낯을 내다.

金(かね)と塵(ちり)は積(つも)るほど汚(きたな)い

돈과 티끌은 쌓일수록 더럽다

부자가 될수록 인색하게 된다는 말. [參] 재떨이와 부자는 모일수록 더럽다.

金(かね)の切(き)れ目(め)が縁(えん)の切(き)れ目(め)

돈 떨어지면 정 떨어진다

금전 관계로 맺은 정은 돈이 없어지면 그 사이도 끝나는 것이라는 말.

金(かね)の草鞋(わらじ)で尋(たず)ねる

쇠짚신을 신고 찾아다닌다

끈질기게 여기저기 돌아다니면서 찾아 헤맨다는 말. [參] 이 잡듯 한다.

金(かね)は危(あぶ)ない所(ところ)にある

돈은 위태로운 곳에 있다

위험을 무릅쓰지 않으면 큰돈을 얻을 수 없다는 말. [參] 돈 나는 모퉁이 죽는 모퉁이.

金(かね)は天下(てんか)の回(まわ)り物(もの)

돈은 세상을 돌고 도는 것

돈은 한 곳에 머무르지 않고 돌고 도는 것이라는 비유. 발 없는 돈이 천리 간다.

壁(かべ)に耳(みみ)

벽에도 귀

비밀이 새어 나가기 쉬움을 이름. [參] 낮말은 새가 듣고 밤말은 쥐가 듣는다.

果報(かほう)は寝(ね)て待(ま)て

행운은 누워서 기다려라

행운은 사람의 힘을 초월한 것이니, 서두르지 말고 진득이 기다려라는 말. [參] 복은 누워서 기다린다.

裃(かみしも)を着(き)た盗人(ぬすびと)

예복 입은 도둑놈

탐관오리를 말함. 裃：江戸時代의 武士의 예복 차림새. [參] 사모 쓴 도둑놈.

神(かみ)は禰宜(ねぎ)の計(はか)らい

신은 신관(神官)이 조치하는 대로

신의 의사는 봉사하는 사람에 의하여 어떻게든지 된다는 말. 禰宜는 神職의 지위의 하나. 參 부처님 살찌고 마르기는 석수에게 달렸다.

噛む馬は終いまで噛む
무는 말은 끝까지 문다

나쁜 버릇이 여간해서는 없어지지 않는다는 것을 비유해서 한 말. 參 세 살 적 버릇이 여든까지 간다. 게 새끼는 나니금 집는다.

亀の甲より年の劫
거북의 등껍데기보다는 연공

오랫동안 경험을 쌓은 연장자를 존경해야 된다는 말. 參 세물전 영감인가.

亀の年を鶴が羨む
거북의 수명을 학이 부러워한다

학은 천년, 거북은 만년이란 말이 있는데, 거북이 오래 사는 것을 학이 부러워한다는 말로, 욕심에는 한정이 없다는 비유. 參 되면 더 되고 싶다.

鴨が葱を背負って来る
오리가 파를 짊어지고 온다

바라지도 않았던 행운이 밀어닥친다는 비유. 參 호박이 넝쿨째로 굴러 떨어졌다. 호박이 굴렀다.

痒い所に手が届く
가려운 데에 손이 닿는다

희망한 일이 모두 그대로 충족된다는 말. 세세한 데까지 손(생각)이 미친다는 말.

粥腹も一時
죽 먹은 배도 한때

죽이라도 한때의 공복은 견디어 낼 수가 있다는 말. 參 국수 먹은 배.

鳥鳴きが悪いと人が死ぬ
까마귀 울음 소리가 나쁘면 사람이 죽는다

까마귀 울음 소리를 듣고 길흉을 점치는 민속이 있다. 參 염병에 까마귀. 까마귀가 울면 사람이 죽는다.

烏は自分の子が一番美しいと思っている

까마귀는 제 새끼가 제일 예쁘다고 여긴다

추한 자식이라도 부모의 욕심으로는 제일 잘 보인다는 뜻. [參] 고슴도치도 제 새끼는 함함하다고 한다.

烏百度洗っても鷺にはならぬ

까마귀 백 번 씻어도 백로가 되지 않는다

낯이 검은 사람은 아무리 씻어도 살빛이 변하는 도리가 없으니, 헛수고는 그만 두고 차라리 그 특색을 자랑으로 삼아 건강미를 지니라는 뜻. [參] 흰 개 꼬리 굴뚝에 삼 년 두어도 흰 개 꼬리다.

借りて来た猫

빌어온 고양이

얌전하게 말없이 조용하게 있다는 비유. [參] 절에 간 색시. 언 수탉 같다.

借る時の地蔵顔済す時の閻魔顔

빌 때에는 지장보살과 같은 반기는 얼굴, 갚을 때에는 염라대왕과 같은 찡그린 얼굴

돈을 빌 때에는 보살님같이 온화한 표정을 하고, 그것을 되돌려줄 때에는 염라대왕과 같은 무서운 표정을 짓는다. 사람의 마음이란 간사하기 이를 데가 없다는 비유. ㊜ 앉아 준 돈 서서도 못 받는다.

枯れ木に花
마른 나무에도 꽃

쇠했던 것이 다시 번영함의 비유. 뜻밖에 좋은 일을 만났다는 말. ㊜ 홍두깨에 꽃이 핀다.

夏炉冬扇(하로동선)
여름의 화로와 겨울의 부채

여름에 화로, 겨울에 부채라 함은 때가 지나 아무 데도 소용 없는 것이라는 뜻. ㊜ 한더위에 털 감투. 추풍선(秋風扇).

可愛い子には旅をさせよ
사랑하는 자식에겐 여행을 시켜라

고생의 맛을 보이라는 뜻. 여행이란 서글프고 고생스러운 것이라는 속언에서 나온 말. 부모 슬하를 떠나서 실사회에 내보내는 것이 좋다. ㊜ 귀한 자식 매로 키워라.

川口で船を破る
강 어귀에서 배를 부순다

거의 다 된 일이 마지막에 가서 실패로 돌아간다는 비유. 參 다 된 죽에 콧물 떨어뜨렸다.

川に水を運ぶ
강에 물을 나른다

아무리 해도 헛수고가 되는 것을 말함. 參 물에 물 탄 듯이 술에 술 탄 듯이.

川の石星となる
자갈이 별이 된다

절대로 있을 수 없는 일이라는 비유. 參 모래가 싹 난다.

皮引けば身が痛い
살갗을 잡아당기면 몸이 아프다

밀접한 관계가 있는 것은 즉시 이해의 영향을 받는다는 비유. 參 순망치한(脣亡齒寒).

皮一重
가죽 한 겹

어떤 미인이라도 얼굴의 가죽을 한 겹만 벗기면 추한 얼굴과 다름이 없다. 미추는 가죽 한 겹에 불과하다는 깨달음과 추한 자들의 미인에게 대하는 짓궂은 말.

川向こうの喧嘩

강 건너의 싸움

자기와는 아무 관계 없는 일이라는 비유. 參 관 돌 배앓기.

勧学院の雀が蒙求を囀る

권학원의 참새는 몽구를 지저귄다

늘 보고 듣고 있으면 자연히 알게 된다는 말. 勸學院은 平安時代에 藤原氏의 자제를 교육한 학교. 蒙求는 唐의 李瀚이 저술한 아동의 교과서. 參 성균관 개구리.

雁がたてば鳩もたつ

기러기가 날면 비둘기가 난다

제 힘도 모르고 남이 하는 대로 따라 한다는 뜻. 參 학이 '곡곡' 하고 우니 황새도 '곡곡' 하고 운다.

艱難汝を玉にす
간난은 그대를 구슬로 만든다

사람은 많은 고난을 겪어야 비로소 훌륭한 사람이 된다는 말. ❀ 초년 고생은 양식 지고 다니며 한다.

勘定合って銭足らず
계산은 맞고 돈은 모자란다

계산상으로는 예정대로 번 셈이나, 현금을 세어 보니 손해가 났다는 말이니, 이론과 실제가 일치하지 않는다는 뜻이 됨.

堪忍は一生の宝
인내는 평생의 보배

무슨 일이든지 참고 참으면 실수가 없고 가치가 있다는 말. ❀ 참을 인(忍) 자 셋이면 살인(殺人)도 피한다.

堪忍袋の緒が切れる
인내 자루의 끈이 끊어진다

울화통이 터져 이 이상 더 참을 수 없다는 말. ❀ 인지위덕(忍之爲德).

雁^{がん}も鳩^{はと}も食^くわねば知^しれぬ

기러기도 비둘기도 먹지 않고는 모른다

경험이 없는 사람은 사물의 참다운 값어치를 모른다는 말. 먹지 않으면 그 맛을 모른다. 參 고기도 먹어본 사람이 많이 먹는다. 관덕정(觀德亭) 설탕국도 먹어 본 놈이 먹는다.

き

聞いた百より見た一つ

들은 백보다 본 하나

백 번 듣는 것보다 한 번 보는 것이 더 확실하다는 말.
參 백문불여일견(百聞不如一見).

聞いて極楽, 見て地獄

들어서는 극락, 보아서는 지옥

듣는 것과 보는 것과는 대단한 차이가 있다는 말. 參 들어서 다르고 보아서 다르다.

木から落ちた猿

나무에서 떨어진 원숭이

의지할 곳을 잃어서 어찌할 수 없는 처지의 비유. 參 물 밖에 난 고기.

聞くは一時の恥聞かぬは一生の恥

묻는 것은 당장의 수치, 묻지 않음은 일생의 수치

모르는 것을 남에게 묻는 것은 당장의 수치이지만, 묻지 않으면 일생을 두고 모르게 되기 때문에 더욱 큰 수치라는 말로, 남에게 묻는 것을 부끄러워하지 말라는 뜻.
參 아는 것이 힘, 배워야 한다.

雉子も鳴かずば射たれまい

꿩도 울지 않으면 총에 맞지 않겠지

쓸데없는 말을 하지 않으면 재화를 입지 않는다는 비유.
參 봄 꿩이 제 울음에 죽는다.

雉の隠れ

꿩의 숨는 꼴

일부만 숨기고서 전체를 숨겼다고 생각하고 있음을 비웃는 말.

きたなく稼いで清く暮らせ

더럽게 벌어서 깨끗이 지내라

돈은 깨끗이 쓰지 않으면 안 된다는 말. 돈은 더럽게 벌어도 깨끗이 쓰면 된다. [參] 개같이 벌어서 정승같이 먹는다.

北(きた)に近(ちか)ければ南(みなみ)に遠(とお)い

북에 가까우면 남으로 멀다

당연한 일. 누구든 다 알고 있어 당연하다는 말.

氣違(きちが)いに刃物(はもの)

미친놈에게 칼

위험하기 짝이 없음을 이르는 말. [參] 칼날 위에 섰다.

切(き)っても血(ち)も出(で)ぬ

베어도 피도 아니 난다

냉혹 무정, 심히 인색한 사람을 이르는 말. [參] 이마를 뚫어도 진물도 아니 난다.

狐(きつね)がコンコン鳴(な)くと人(ひと)が死(し)ぬ

여우가 캥캥 울면 사람이 죽는다

옛부터 전하여 오는 말. [參] 가는 길에 여우가 지나가면 사망이 있다.

狐が下手の射る矢を恐る

여우가 서투른 사람이 쏘는 화살을 무서워한다

서투른 사람이 쏘는 화살은 어느 쪽으로 날아 올지 모르므로, 여우라도 도망갈 곳을 선택하기가 어렵다는 말.

木に餅がなる

나무에 떡이 열린다

뜻밖의 행운이 닥쳐 옴. 너무 달콤한 말을 이름.

木にも付かず草にも付かず

나무에도 못 붙고 풀에도 못 붙는다

이도 저도 아닌 엉거주춤한 태도를 이르는 말. [參] 나무에도 못 대고 돌에도 못 댄다.

木に縁りて魚を求む

나무로 연유하여 고기를 구한다

나무에서 물고기를 잡으려 한다 함이니, 절대로 되어지지 않을 일을 하려고 한다는 뜻. [參] 산에서 물고기 잡기.

昨日(きのう)の襤褸(つづれ), 今日(きょう)の錦(にしき)

어제의 누더기, 오늘의 비단

사람의 부침, 흥망성쇠가 심한 세상이라는 말. [參] 흥망성쇠(興亡盛衰)와 부귀빈천(富貴貧賤)이 물레바퀴 돌 듯 한다.

昨日(きのう)は嫁(よめ), 今日(きょう)は姑(しゅうとめ)

어제는 며느리, 오늘은 시어머니

시간이 지나가는 것이 빠르다는 말. 또 경우의 변화가 심하다는 비유. [參] 며느리 늙어 시어미 된다.

木佛金佛石佛(きぶつかなぶついしぼとけ)

목불 금불 석불

인정이라고는 반 푼어치도 없는 목석 같은 사람의 비유.

客(きゃく)と白鷺(しらさぎ)は立(た)ったが見事(みごと)

손님과 백로는 일어서는 것이 예쁘다

손님은 오래 있지 않고 빨리 돌아가는 것이 좋다는 말. [參] 가는 손님은 뒤꼭지가 예쁘다. 손은 갈수록 좋고, 비는 올수록 좋다.

九牛(きゅうぎゅう)の一毛(いちもう)

구우일모

많은 수 가운데의 극히 적은 일부분에 지나지 않는다는 비유.

九死(きゅうし)の中(うち)に一生(いっしょう)を得(え)る

구사일생(九死一生)

거의 죽게 되었다가 겨우 다시 살게 된 경우를 이른다. [參] 함정에서 뛰어난 범.

窮(きゅう)すれば通(つう)ず

궁(窮)하면 통(通)한다

매우 궁박한 처지에 이르면 도리어 헤어날 길이 생긴다는 뜻. [參] 곤궁이통(困窮而通). 죽을 수가 닥치면 살 수가 생긴다.

窮鼠(きゅうそ)猫(ねこ)を噛(か)む(窮鼠齧猫)

궁서가 고양이를 문다

쫓겨서 궁지에 몰린 쥐는 되려 고양이를 문다는 뜻이니, 곤경에 몰린 때는 약자(弱者)도 필사적이 되어 도리어 강자(強者)를 반격한다는 말. 参 궁서설묘.

窮鳥懷に入れば猟師も殺さず
궁지에 몰린 새가 품안으로 들면 포수도 죽이지 않는다

도망갈 곳을 잃은 사람이 와서 도움을 요청하면, 그 청을 너무 참혹하게 거절할 수 없다는 말. 参 문전 나그네 흔연 대접.

兄弟は他人の始まり
형제는 남이 되는 시초

같은 핏줄이라도 형제는 성장하면 제각기 처가에 대한 사랑에 끌려서 가정의 이해를 위해서는 애정도 희박하고 남이 되는 시초라는 뜻. 형제라도 믿을 수 없다는 말. 参 형제는 잘 두면 보배, 못 두면 원수.

兄弟は両の手
형제는 양손

형제는 좌우의 손과 같이 서로 돕지 않으면 안 된다는 말. 의 좋은 형제가 힘을 모으면 강한 세력이 된다.

今日の後に今日なし

오늘 뒤에 오늘 없다

오늘이란 날이 지나면 두 번 다시 오지 않는다. 그러니까 오늘이란 현재의 시간을 허비해서는 안 된다는 말.

器用貧乏

재주 많은 가난

손재주가 있어도 그것이 도리어 화가 되어 오히려 대성하지 못해 늘 가난하게 지낸다는 말. [參] 하루 저녁에 단속곳 셋 하는 여편네 속곳 벗고 산다.

玉石混淆

옥석 혼효

좋은 것과 나쁜 것이 섞여 있다는 뜻. [參] 옥석동궤(玉石同匱).

漁父の利

어부지리(漁夫之利)

양자(兩者)가 다투는 통에 제삼자(第三者)가 이익을 보게 됨을 이름. 황새와 조개가 서로 다투는 중에 어부가 둘 다 잡고 말았다는 이야기에서 나온 말. 참 휼방지쟁(鷸蚌之爭).

清水の舞台から飛び降りる
청수의 무대에서 뛰어내린다

목숨을 걸고 중대한 결의를 단단히 한다는 비유. 清水의 舞臺는 京都 清水寺의 불당의 일부. 높은 벼랑 위에 튀어나오게 지은 건물. 높이는 12.5미터. 참 칼 물고 뜀뛰기.

切株にも衣裳
그루터기에도 의상

보잘것없는 사람이라도 잘 입으면 훌륭하게 보인다는 말. 참 쇠말뚝도 꾸미기 탓이라.

錐で山を掘る
송곳으로 산을 판다

일을 함에 매우 우원한 것을 말함. 또 참을성이 많음을 비유하는 말. 참 장대로 하늘 재기.

騏驎も老いては駑馬にも劣る
기린이 늙으면 노마만 못하다

아무리 뛰어난 사람도 나이를 먹으면 활동이 평범한 사람만 못하다는 말. 늙어지면 기력이 쇠진한다는 뜻.

綺麗(きれい)な花(はな)は山(やま)に咲(さ)く

아름다운 꽃은 산에 핀다

정말로 좋은 물건은 사람의 눈에 띄지 않는 곳에 있다는 비유.

錦上花(きんじょうはな)を添(そ)う

금상첨화(錦上添花)

비단 위에 다시 꽃을 더한다 함이니, 그러잖아도 좋은 데다가 더 좋은 것을 보탠다는 말. [參] 누이 좋고, 매부 좋다.

く

食うだけなら犬でも食う
먹기만 하기라면 개라도 먹는다

그저 먹고 사는 것만이 전부라면 개라도 하는 짓으로서, 인간의 가치가 조금도 없다는 말.

食うほど食えば牛くさい
실컷 먹고 소 냄새가 난다고 한다

많이 먹고 배가 부른 뒤에는, 음식의 맛이 좋지 않다고 도리어 흉봄을 이름. ㊂ 말 한 마리 다 먹고 말고기 냄새 난다고 한다.

食おうとて痩せる
먹으려고 여윈다

먹기 위해 뼈빠지게 일하여 살이 빠지는 것을 말함.

臭(くさ)い物(もの)に蓋(ふた)

구린 것에 뚜껑

보기 흉한 것이나 나쁜 것이 드러나지 않게 한다는 말.

腐(くさ)っても鯛(たい)

썩어도 도미

좋은 물건은 조건이 변화해도 역시 가치가 있다는 말. [參] 물어도 준치, 썩어도 생치. 노닥노닥 기워도 마누라 장옷.

薬(くすり)人(ひと)を殺(ころ)さず薬師(くすし)人(ひと)を殺(ころ)す

약은 사람을 죽이지 않고 의원이 사람을 죽인다

무엇이든지 쓰는 사람에 따라 약으로도 되고 독으로도 될 수가 있다는 말. [參] 어설픈 약국이 사람 죽인다.

薬(くすり)も過(す)ぎれば毒(どく)となる

약도 지나치면 독이 된다

아무리 좋은 약도 과용하면 도리어 몸에 해가 되는 법이니, 차라리 쓰지 않음과 같지 못하다는 말.

下り坂の車
내리막길의 수레

일이 순조롭게 진행되는 것을 말함. ❀ 마루 넘는 수레 내려가기.

口あれば食って通る
입이 있으면 먹고 지낸다.

사람은 이 세상에 있는 한 먹고 살게 되는 것이라는 말. ❀ 사람은 먹고 살게 마련이다.

朽木は柱にならぬ
썩은 나무는 기둥으로 쓸 수 없다

줏대가 없는 사람이나 게으름뱅이는 쓸모가 없다는 말. ❀ 후목분장(朽木糞牆).

口たたきの手足らず
말은 잘 하나 손은 못 따른다

말만 잘 하고 일은 전혀 안 하는 것을 말함. ❀ 말이 앞서지 일이 앞서는 사람 본 일 없다.

口と腹

입과 배

말하는 것과 생각하는 것이 다르다는 말. ㊜ 말 속에 말 들었다. 속 각각 말 각각.

口の剣刃

입의 칼날

심술궂고 모난 비꼼이나 악의에 찬 말을 한다는 뜻. ㊜ 입이 도끼날 같다.

嘴が黄色い

부리가 노랗다

젊어서 아직 경험이 부족한 사람을 비웃는 말. ㊜ 입에서 젖내 난다.

口は重寶

입은 편리함

입이란 편리한 것인데, 실현 불가능한 것이라도 곧 될 것같이 말할 수도 있다. ㊜ 입이 보배.

口は出入りに戸を立てよ
입은 출입에 문을 달아라

말은 신중히 골라서 입 밖에 내기를 조심하라는 말. ㊟ 숨은 내쉬고, 말은 내하지 말라.

口は横でも物はまっすぐ言え
입은 가로로 되었어도 말은 바로 해라

무슨 일이 있더라도 말은 바로 하여야 한다는 뜻. ㊟ 입은 비뚤어져도 주라는 바로 불어라.

靴を度りて足を削る
구두 재다가 발을 깎는다

하는 순서가 뒤바뀌었다는 비유. ㊟ 망건 쓰고 세수한다.

靴を隔てて痒きを掻く
구두를 격해 가려운 데를 긁는다

일이 생각대로 되지 않고 안타깝다는 뜻. ㊟ 목화 신고 발등 긁기.

首縊(くびくく)りの足(あし)を引(ひ)く

목매단 사람의 다리를 당긴다

피도 눈물도 없는 참혹한 일을 한다는 뜻. [參] 엎어져가는 놈 꼭뒤 찬다.

窪(くぼ)い所(ところ)に水溜(みずたま)る

구덩이에 물이 괸다

조건이 구비된 데에는 저절로 사람이나 돈이나 행복 등이 모여드는 것을 말함. [參] 굳은 땅에 물이 괸다.

雲(くも)にかける橋(はし)

구름에 놓는 다리

실현 불가능한 희망이나 소망의 비유. [參] 하늘의 별따기.

蜘蛛(くも)の巣(す)で石(いし)を吊(つ)る

거미줄로 돌을 매단다

도저히 될 수 없는 일을 비유하는 말. [參] 썩은 새끼로 범 잡기.

供養(くよう)より施行(せぎょう)

공양보다 보시

많은 돈을 쓰고 죽은 사람을 공양하는 것보다 지금 곤궁한 사람들에게 보시하는 것이 더 필요하다는 말.

くよくよすれば壽命(じゅみょう)が縮(ちぢ)まる

늘 걱정만 하면 수명이 준다

사소한 일에 구애되어 끊임없이 꺼리고 기분이 우울하면 수명을 단축시키게 된다는 말. [參] 십 년은 감수(減壽)했다.

暗(くら)がりから牛(うし)

어둠 속에서 소

사물의 구별이 분명하지 않은 것을 비유하는 말. 동작이 느리고 민첩하지 못한 것을 형용한 말.

暗(くら)がりの渋面(じゅうめん)

어두운 곳의 찌푸린 얼굴

어두운 곳에서 얼굴을 찌푸려도 보이지 않고 상대방은 아무 통양을 느끼지 않으니, 아무리 해도 보람이 없다는 말. ❋어둔 밤에 눈 꿈쩍이기.

水母の骨
해파리의 뼈

있을 수 없는 일이나 매우 희소한 일의 비유.

暗闇の鐵砲
어둠 속의 총질

앞뒤 생각 없이 제멋대로 짐작하고 행동한다는 비유. ❋눈 감고 총 쏘기.

暗りの恥を明みへ出す
감춰진 창피를 세상에 드러낸다

숨기려면 숨길 수 있는 보기 흉한 것을 일부러 세상에 알리는 것을 말함. ❋내 밑 들어 남 보이기.

苦しい時の神頼み
급할 때 하느님 찾기

평소에는 돌보지도 않다가 급하게 되면 의지하려 든다는 비유. ❋급하면 부처님 다리 끌어안는다.

くれそうでくれぬは継母と春の日

줄 듯 안 주는 것은 계모, 저물 듯 안 저무는 것은 봄날

계모가 아까와 자식에게 주기를 꺼려 함을 봄날의 긴 것과 대비하여 말한 것. 'くれる'에는 '주다'와 '저물다'의 의미가 있다. ⓟ 줄 듯 줄 듯하면서 안 준다.

食わず嫌い

먹지도 않고 싫다고 한다

먹은 일도 없으면서 또는 사물의 진실을 잘 이해하지도 않고 무턱대고 싫어함을 이르는 말.

食わせて置いてさてと言い

먹인 후 '그런데'라고 한다

후한 대접을 하여 거절 못하게 한 후 교섭을 성립시키려고 하는 것을 이른다. ⓟ 고 이래 진상이 제일이다.

君子は危きに近寄らず

군자는 위험한 곳에 가까이 가지 않는다

군자는 항상 몸을 삼가서 위험한 곳에는 아예 처음부터

접근하지 않음의 비유.

群盲象を撫ず
많은 장님 코끼리를 만져본다

모든 사물을 자기의 좁은 소견과 주관으로 그릇 판단함을 이르는 말. 많은 장님이 코끼리의 몸을 만져, 그 만진 부분만을 코끼리라고 생각하였다는 데서 나옴. ❀ 군맹무상(群盲撫象).

け

形影相弔う
けいえいあいとむら

형영상조한다

자신의 그림자만이 자신의 근심을 위로한다는 뜻에서, 찾아오는 사람도 없고 몹시 외로움의 비유. 參 게발 물어 던지듯.

鶏口となるとも牛後となるなかれ
けいこう　　　　　ぎゅうご

닭의 머리가 될지언정 소의 꼬리가 되지는 말라

작은 단체나 직장의 간부가 되는 것이 대회사나 대조직의 밑바닥에 깔려 있는 것보다 낫다는 비유. 參 용(龍)의 꼬리보다 닭의 머리가 낫다.

芸術は長く人生は短し
げいじゅつ　なが　じんせい　みじか

예술은 길고 인생은 짧다

예술 작품은 작가의 사후에도 길이 남으나, 예술가의 생명은 너무나 짧다는 말.

兄弟牆にせめぐ
형제혁장(兄弟鬩牆)

형제가 집 안에서 서로 싸운다는 말로, 친족이나 동류끼리 서로 다투는 것을 이름. ❀ 쇠가 쇠를 먹고, 살이 살을 먹는다.

兄弟は手足たり
형제는 수족이다

형제는 내 몸의 수족과 같아서, 한 번 잃으면 다시 얻을 수 없다는 말. ❀ 형제위수족(兄弟爲手足).

芸は身を助ける
재주는 자신을 돕는다

몸에 지닌 재주가 있으면, 곤란할 때 도움이 된다는 말.

下戸の肴荒し
술을 못하는 사람이 안주만 들쑤시어 먹는다

술을 마시지 못하는 사람이 닥치는 대로 오로지 안주만 없앤다는 말.

下戸の建てた倉はない
술을 못하는 사람이 지은 곳간은 없다

술을 못하는 사람이 술값을 따로 모아 부자가 된 예가 없다. 술은 적당히 마시고 즐기는 것이 좋다는 말. 술을 좋아하는 사람의 자기 위안. 參 담배 안 피우는 사람 담배값 모이지 않는다.

下種の一寸, のろまの三寸
어리석은 자의 한 치, 아둔패기의 세 치

문이나 미닫이를 닫을 때, 어리석은 자는 한 치를 남기고, 아둔패기는 세 치를 남긴다는 뜻으로, 어느 것이나 조심성이 없다는 비유. 문을 닫는 방법으로 그 사람의 품격을 알 수 있다는 말.

下種の知恵は後から
어리석은 자의 지혜는 나중에야

못난 사람은 필요할 때는 명안이 떠오르지 않고, 일이 끝난 다음에야 좋은 생각이 떠오른다는 말. 參 미련은 먼저 나고 슬기는 나중 난다.

下駄(げた)も阿彌陀(あみだ)も同(おな)じ木(き)のきれ

나막신도 아미타도 같은 나뭇조각

발에 꿰는 나막신도 사람들이 공손히 절하는 불상도 원래 같은 나무로 만들어져 있는 것이다. 처음에는 같은 것이라도 마지막에는 매우 다르다는 비유.

下駄(げた)を預(あず)ける

나막신을 맡긴다

신발을 맡기면 나갈 수 없게 되는 데서, 억지임을 알면서 남에게 처리를 떠맡기고 일임한 형상을 취함을 이르는 말.

煙(けむり)あれば火(ひ)あり

연기 있으면 불이 있다

사실이 없는데 소문이 날 까닭이 없다는 비유. [参] 불 안 땐 굴뚝에 연기날까. 뿌리 없는 나무에 잎이 필까.

外面如菩薩內心如夜叉(げめんにょぼさつないしんにょやしゃ)

외면여보살 내심여야차

겉으로 보기에는 아주 착한 것 같으나 내심은 음흉한 사람을 이름. [參] 외보살(外菩薩) 내야차(內夜叉).

家來とならねば家來は使えぬ

부하가 되지 않으면 부하를 부릴 수 없다

부려지는 사람의 입장이 되어 사람을 부려야만이 비로소 부하를 잘 이끌 수가 있다. [參] 김 매는데 주인이 아흔 아홉 몫 맨다.

毛を吹いて疵を求む

털을 불어서 상처를 찾는다

남을 탈잡다가 도리어 자기의 결점을 드러내 놓는다는 말. [參] 남 잡이가 제 잡이.

犬猿の仲

견원의 사이

개와 원숭이처럼 아주 사이가 나쁜 것을 이르는 말. [參] 고양이와 개다.

賢が子賢ならず

현명한 사람의 아들은 현명하지 않다

부모가 현명하다고 하여 그 자식도 반드시 현명하다는 법은 없으며, 오히려 어리석은 경우가 많다는 말.

喧嘩過ぎての棒千切り
싸움 끝난 뒤에 몽둥이

일이 끝난 뒤에 무엇을 해도 아무 효과도 없는 것이라는 비유. 參 행차 뒤에 나팔.

喧嘩と火事は大きい程よい
싸움과 불은 클수록 좋다

싸움이나 화재 현장에서 떠들썩한 구경꾼들의 심리를 말한 것. 크면 클수록 재미있다.

喧嘩両成敗
싸운 자는 쌍방 모두 처벌된다

싸웠을 경우, 그 시비를 불문하고 쌍방을 처벌함을 이르는 말.

賢人は危きを見ず
현인은 위험한 것을 보지 않는다

위험한 것을 즐겨 보려 함은 어리석은 사람이 하는 일이지, 현명한 사람은 처음부터 그런 것을 보려고 하지 않는다는 말.

剣(けん)を使(つか)う者(もの)は剣(けん)で死(し)ぬ

칼을 쓰는 사람은 칼로 죽는다

남에게 해를 끼치면 자기도 해를 입게 된다는 비유. [參] 남 잡으려다 제가 잡힌다.

二

<ruby>恋<rt>こい</rt></ruby>の<ruby>病<rt>やまい</rt></ruby>に<ruby>薬<rt>くすり</rt></ruby>なし

상사병에 약은 없다

남녀간의 화풍병에는 그것을 고칠 약제가 없다는 말.

<ruby>恋<rt>こい</rt></ruby>は<ruby>盲目<rt>もうもく</rt></ruby>

사랑에 눈이 멀다

사랑에 빠지면 분별심을 잃고 눈이 어두워진다는 말.
參 눈먼 사랑.

<ruby>後悔先<rt>こうかいさき</rt></ruby>に<ruby>立<rt>た</rt></ruby>たず

후회막급(後悔莫及)이다

잘못된 뒤에 아무리 후회하여도 어찌할 수가 없음을 이름.

孝行のしたい時分に親はなし
효도를 하고 싶을 때는 어버이가 없다

어버이가 살아 있을 때는 불효한 짓을 하다가, 어버이가 죽은 다음에야 효도를 하려고 생각하여 후회하는 일이 많다는 말.

恒産なければ恒心なし
항산이 없으면 항심이 없다

안정된 재산·생업이 없는 사람은 올바른 마음도 가질 수 없다는 말.

好事も無きに如かず
좋은 일도 없는 것만 같지 못하다

좋고 나쁨을 불문하고 무사태평한 것이 가장 좋다는 말. 좋은 일도 귀찮으니 무사함을 바란다는 말.

後生畏る可し
후생이 가외(可畏)다

소년은 연부역강(年富力強)하여 장차 큰일을 할 수 있으니 가히 두려워할 만하다는 말. 후배가 두렵다. 🍁 나중

난 뿔이 우뚝하다.

黄泉の路上老少無し
황천길에 노소 없다

저승으로 가는 길엔 연령적으로 노·소가 있는 것이 아니라는 말. ❀ 죽음에 들어 노소(老少) 있나. 노소부정(老少不定).

巧遅は拙速に如かず
교지는 졸속만 같지 못하다

잘 하되 느린 것은 서투르되 빠른 것보다 못하다는 말.

弘法にも筆の誤り
홍법에게도 붓의 과오가 있다

서예에 뛰어난 弘法大師도 때로는 잘못 쓰는 일이 있다는 말. 弘法大師는 平安時代 초기의 중. ❀ 원숭이도 나무에서 떨어진다. 먹던 술도 떨어진다.

蝙蝠も鳥の真似
박쥐도 새의 흉내낸다

자기보다 우수한 사람의 흉내내는 것은 인간의 상정이란 말.

紺屋の明後日
염색집의 모레

약속 기일을 기약할 수 없다는 비유.　㊒ 갓바치 내일 모레.

木陰に臥す者は枝を手折らず
그늘에 눕는 사람은 나무 가지를 꺾지 않는다

은혜를 베풀어준 사람에 대하여서는 손해를 입히지 않는 것이 인정이라는 말.

呉牛月に喘ぐ
오우 달을 보고 헐떡인다

물소는 더위를 싫어한 나머지 달을 보고도 헐떡거린다는 뜻으로, 쓸데없는 걱정을 하거나 지나친 생각을 함의 비유.㊒더위먹은 소 달만 보아도 헐떡인다.

故郷へ錦を着て歸る
고향에 비단옷을 입고 돌아간다

출세하여 또는 성공하여 고향으로 돌아가는 것을 말함.
🐾 금의환향(錦衣還鄕).

虎穴に入らずでん虎子を得ず
호랑이 굴에 들어가지 않고는 호랑이 새끼를 잡지 못한다

엄청난 위험을 무릅쓰지 않고는 눈부신 공을 세울 수 없다는 말. 🐾 범 굴에 들어가야 범 새끼를 잡는다.

虎口を逃れて龍穴に入る
호구를 벗어나 용혈에 들어간다

재난이 잇따라 오는 것을 말함. 🐾 산 넘어 산이다. 갈수록 심산(深山)이다.

小言は言うべし酒は買うべし
잔소리는 해야 마땅하고 술은 사야 마땅하다

나쁜 일은 용서없이 꾸짖고 그 대신 잘 한 일에 대해서는 칭찬함이 옳다는 말. 🐾 신상필벌(信賞必罰).

心ここに在らざれば視れども見えず
마음이 여기에 없으면 보아도 보이지 않는다

마음을 집중하지 않으면 몸을 닦을 수 없다는 말. [參] 마음에 없으면 보이지도 않는다.

乞食(こじき)が馬(うま)を貰(もら)ったよう
거지가 말 얻은 것

제 신분에 넘는 것을 얻어가지고 도리어 괴로운 일이 생겼다는 뜻. 고맙기는 하지만 도리어 난처함의 비유. [參] 비렁뱅이 비단 얻은 것.

乞食(こじき)を三日(みっか)すれば忘(わす)れられぬ
걸식 사흘을 하면 잊어버릴 수가 없다

편하고 근심 걱정 없는 거지 생활에 맛을 들이면 그만 둘 수가 없다. 즉, 나쁜 습관의 무서움을 이른 말. [參] 거지 생활 사흘이면 정승판서도 부럽지 않다.

五十歩百歩(ごじっぽひゃっぽ)
오십 보 백 보

둘 사이에 약간의 차이가 있다고는 하나 본질적으로는 서로 같다는 말. [參] 오십 보(五十步)로 소 백 보(笑百步).

144 …こじゅう

<ruby>小姑<rt>こじゅう</rt></ruby><ruby>一人<rt>とひとり</rt></ruby>は<ruby>鬼<rt>おに</rt></ruby><ruby>千匹<rt>せんびき</rt></ruby>

시누이 한 사람 귀신 천 마리

 시누이는 올케에게 심하게 굴어 혼자라도 귀신 천에 필적할 정도로 며느리 마음을 괴롭힌다는 말. ㉘ 시누 하나에 바늘이 네 쌈.

<ruby>孤掌<rt>こしょう</rt></ruby><ruby>鳴<rt>なら</rt></ruby>し<ruby>難<rt>がた</rt></ruby>し

한쪽 손바닥으로는 소리를 낼 수 없다

 상대방이 없으면 혼자서는 무슨 일도 할 수가 없다는 말. ㉘ 손바닥도 마주쳐야 소리가 난다. 고장난명(孤掌難鳴).

<ruby>碁<rt>ご</rt></ruby>で<ruby>負<rt>ま</rt></ruby>けたら<ruby>将棋<rt>しょうぎ</rt></ruby>で<ruby>勝<rt>か</rt></ruby>て

바둑에서 지거든 장기로 이겨라

 한쪽에서 졌다고 하여 그것으로 우물쭈물하지 말고, 다른 것으로 이겨 만회하라는 말.

<ruby>言葉<rt>ことば</rt></ruby><ruby>多<rt>おお</rt></ruby>きは<ruby>品<rt>ひん</rt></ruby><ruby>少<rt>すくな</rt></ruby>し

말 많은 것은 품위가 적다

 다언을 훈계하는 말. ㉘ 말이 많으면 쓸 말이 적다.

子供喧嘩が親喧嘩

아이 싸움이 어른 싸움 된다

처음에는 아이들끼리 싸우다가 나중에는 그 부모들까지 나와 쓸데없는 말참견을 하고 떠들며 싸움이 되어 일이 크게 벌어진다는 말.

粉糠三合持ったら養子に行くな

쌀겨 세 홉만 있거든 양자는 가지 말라

양자로 가는 것은 고생스럽다는 뜻. 參 겉보리 서 말만 있으면 처가살이하랴.

この父あってここにこの子あり

이 아버지 있음으로써 여기에 이 아들 있다

이와 같은 현명한 아버지가 있고야 비로소 이와 같은 훌륭한 아들이 있게 될 것이다. 이 어버이로 하여금 이 아들이 있게 된 것이다. 參 아비만한 자식이 없다.

子は鎹

자식은 꺾쇠

자식은 꺾쇠 모양으로 부부간의 정의를 잇는 역할을 한다는 뜻.

小村(こむら)の犬(いぬ)は噛(か)む

작은 마을의 개는 문다

약소한 자가 세상 물정을 모르고 함부로 남 앞에 잘 나서는 것을 말함.

子(こ)より孫(まご)が可愛(かわい)い

아들보다 손자가 귀엽다

아들에 대한 사랑보다도 손자에 대한 사랑에 빠지기가 더 쉽다는 말.

転(ころ)がる石(いし)には苔(こけ)が生(は)えぬ

구르는 돌에는 이끼가 안 낀다

게으르지 않고 애써 일 잘 하는 사람은 늘 생생하고 건강하다는 말. [參] 부지런한 물방아는 얼 새도 없다.

転(ころ)ばぬ先(さき)の杖(つえ)

쓰러지기 전의 지팡이

무슨 일에나 세밀한 주의를 가지고 실패하지 않게 행함을 이름. ㉾ 유비무환(有備無患).

転んでもただは起きぬ
넘어져도 그냥은 일어나지 않는다

욕심이 많고 빈틈없음의 비유.

碁を打つより田を打て
바둑을 두기보다 논을 지어라

바둑으로 노는 시간이 있으면 논을 갈고 생업에 힘쓰는 것이 유익하다는 말.

子を知ること父に如くは莫し
자식을 알기에 아버지만한 이 없다

자식의 장단점은 아버지가 누구보다도 잘 알고 있다는 말. ㉾ 자식을 보기에 아비만한 눈이 없고, 제자를 보기에 스승만한 눈이 없다.

子を棄つる藪はあれど親を棄てる藪は無い
아이를 버릴 덤불은 있어도 어버이를 버릴 덤불은 없다

자기가 살아 있는 한 어버이에게 효도를 다해야 한다는 뜻. [參]아이 버릴 덤불은 있어도 나 버릴 덤불은 없다.

子を持って知る親の恩

아들을 갖고 나서 아는 어버이의 은혜

어버이가 되고서야 비로소 부모의 은혜를 알 수 있다는 말.

權兵衛が種蒔きゃ烏がほじくる

곤베(權兵衛 ; 사람 이름)가 씨앗을 뿌리면 까마귀가 파낸다

농부가 씨앗을 뿌린 뒤에 까마귀가 버르집어 놓는다는 말이니, 즉 남이 애써 한 일을 뒤에서 소용없게 하는 것을 말함. [參]산중 농사 지어 고라니 좋은 일했다.

さ

才余りありて識足らず
재주는 남음이 있으나 견식이 모자란다

재주만 믿다가 실수한다는 비유. 参 약빠른 고양이 밤눈 어둡다.

塞翁が馬
새옹지마(塞翁之馬)

한때의 화(禍)가 훗날의 복(福)이 될 수도 있고, 오늘의 이(利)가 또 후에 해(害)를 가져오는 수도 있어 헤아리기 어렵다는 말. 인생의 화복(禍福)은 변천한다는 비유. 参 인간만사 새옹지마(人間萬事 塞翁之馬).

歳月人を待たず
세월은 사람을 기다리지 않는다

세월은 사람과는 관계없이 시시각각으로 지나가니 호

기를 놓치지 말아야 한다는 비유. 참세월이 여류.

才子才に倒れる
재사는 제 재주에 넘어진다

재사가 자기 재주를 너무 믿다가 오히려 실패한다는 말. 참헤엄 잘 치는 놈 물에 빠져 죽는다.

災難なら畳の上でも死ぬ
재난이 닥치면 다다미 위에서도 죽는다

사람이 죽으려면 어디서든지 죽는다는 말. 참물에 죽을 신수면 접시 물에도 빠져 죽는다:

災難の先触れはない
재난의 예고는 없다

재난은 언제 어디서 올지 모르니, 평소에 대책을 세워 둠이 좋다는 말. 재해는 잊어버렸을 때 찾아온다.

幸い並び至らず災いはひとり行かず
행복은 나란히 안 오고 화는 홀로 안 간다

행복은 한 번에 둘은 안 오고, 그 반대로 화는 연거푸

겹쳐 닥쳐 온다는 말. ㊂ 복은 쌍으로 안 오고, 화는 홀로 안 온다.

竿竹で星を打つ
장대로 별을 친다

될 가망이 없는 짓을 하고 있는 어리석음을 이름. ㊂ 장대로 하늘 재기.

逆さに吊して振っても鼻血しか出ない
거꾸로 매달아 흔들어도 코피밖에 안 나온다

아무것도 가진 것이 없다는 비유. ㊂ 불알 두 쪽만 댕그랑댕그랑한다.

魚のかかるは甘餌に由る
고기가 걸리는 것은 맛난 미끼 때문이다

인간도 이욕의 미끼에 섞여서 실패한다는 비유. ㊂ 향기 나는 미끼 아래 반드시 죽는 고기 있다.

鷺は洗わねどその色白し
해오리는 씻지 않아도 그 빛이 희다

사람은 나면서부터 그 운명이 정해져 있다는 비유. ㊂ 흰 개 꼬리 굴뚝에 삼 년 두어도 흰 개 꼬리다.

先んずれば人を制す
앞질러 하면 남을 누를 수 있다

상대를 앞질러서 행동하면 유리하다는 말. ㊂ 남이 나를 저버리거든 차라리 내가 먼저 남을 저버려라.

酒入れば舌出ず
술이 들어가면 혀가 나온다

술을 마시면 말이 많아진다는 말. 말이 많아지면 실언하고, 실언하면 몸을 망치니, 술은 금하는 것만 같지 못하다는 말.

酒買って尻切られる
술 사 주고 볼기 맞는다

남에게 술을 사 준 것이 도리어 원한이 되어 폭행을 당하게 될 때 하는 말. ㊂ 술 받아 주고 뺨 맞는다.

酒は三献に限る
술은 세 순배에 한한다

술은 한 순배를 석 잔 정도로 하여 세 순배만 마시는 것이 적당하다는 말. 그 이상 마시면 추태를 부리기 쉽다.

酒は百薬の長
술은 백약의 으뜸

술은 적당히 마시면 몸에 이롭다고 술을 두둔해서 하는 말.

酒酔いが本性を現わす
술주정꾼이 본성을 드러낸다

술을 마시면 마음속에 있는 것을 모두 말해버리게 된다는 말. ❀ 수풀엣 꿩은 개가 내몰고, 오장의 말은 술이 내몬다. 취중에 진담 나온다.

雑魚の魚交り
자지레한 물고기가 큰 고기와 어울림

하찮은 사람이 훌륭한 사람 속에 끼어 같이 행세함의 비유. ❀ 잉어가 뛰니까 망둥이도 뛴다.

囁き千里
밀담이 천리 간다

비밀로 한 말은 새어나기 쉽고, 멀리까지 알리게 된다는 말. ㉸ 발 없는 말이 천리 간다.

座して食らえば山も空し
앉아서 먹으면 산도 없어진다

도식하면 산과 같은 재산도 멀지 않아 없어진다는 비유. ㉸ 강물도 쓰면 준다. 좌식산공(坐食山空).

皿嘗めた猫が科を負う
접시 핥은 고양이가 벌을 받는다

흔히 크게 나쁜 짓을 한 자는 잡히지 않고, 그보다 덜한 자가 잡히어 곤경을 치름을 이름. ㉸ 똥 싼 놈은 달아나고 방귀 뀐 놈이 잡혔다.

猿が髭揉む
원숭이 수염을 비빈다

원숭이가 뽐내고 수염을 비비는 것은 우스꽝스럽고 아무 권위도 없다. 쓸데없는 사람이 겉만 꾸미고 뽐내는 것을 이르는 말.

猿に木登り
원숭이한테 나무에 오름을 가르침

잘 아는 사람에게 가르치는 어리석음을 이르는 말. 參 부처님한테 설법.

猿の尻笑い
원숭이의 엉덩이를 비웃음

자기 자신을 돌보지 않고 남을 비웃음의 비유. 參 언덕에 자빠진 돼지가 평지에 자빠진 돼지를 나무란다.

猿も木から落ちる
원숭이도 나무에서 떨어진다

일에 능한 사람도 실패하는 수가 있다는 말. 參 항우(項羽)도 낙상할 적이 있고, 소진(蘇秦)도 망발할 적이 있다.

去る者は追わず
떠나는 자를 쫓지 않는다

떠나는 자를 굳이 말리지 말라는 뜻.

去(さ)る者(もの)は日日(ひび)に疎(うと)し

떠나버린 사람은 날이 갈수록 소원해진다

친한 사람이라도 멀리 떨어지게 되면 차츰 정이 적어지는 것이라는 말. [參] 묵은 치붓장.

触(さわ)らぬ蜂(はち)は刺(さ)さぬ

건드리지 않는 벌은 쏘지 않는다

어떤 일이든지 관계하지 않으면 해를 입을 일이 없다는 비유.

三歳(さんさい)の翁(おきな)百歳(ひゃくさい)の童子(どうじ)

세 살 늙은이 백 살 아이

어린이라도 지혜 분별이 있는 자가 있고, 늙어도 정신연령이 낮은 사람이 있다는 말. [參] 늙은이도 세 살 먹은 아이 말을 귀담아 들어라.

三十六計(さんじゅうろっけい)逃(に)げるに如(し)かず

삼십육계 중에서 도망치는 것보다 좋은 것은 없다

계략은 많으나 도망쳐야 할 때는 기회를 보아 도망쳐서

몸을 보존하는 것이 가장 상책이라는 말. 🌸 삼십육계(三十六計)에 줄행랑이 으뜸.

山椒は小粒でもぴりりと辛い
산초는 알이 작지만 얼얼하게 맵다

몸집은 작지만 수완이나 역량은 대단한 데가 있어 가볍게 볼 수 없음의 비유. 🌸 고추는 작아도 맵다.

三寸の舌に五尺の身を亡す
세 치 혀에 다섯 척의 몸을 망친다

실언과 참언으로 말미암아 몸을 망치는 일이 많으니, 그것을 경고하는 말.

三度の火事より一度の後家
세 번의 불보다 한 번의 홀어미

세 번 화재를 만나서 가재를 잃어버리는 것보다 한 번 배우자를 여의는 것이 더 불행하다는 말.

三人子持ちは笑って暮らす
세 아이를 가진 사람은 웃으며 산다

아들의 수는 셋이 가장 좋고, 행복하게 살 수 있다는 말. [參] 아이를 가지려면 세 아이 가져라.

三人(さんにん)虎(とら)を成(な)す

삼인성호(三人成虎)

세 사람이 모이면 없는 범도 있는 것처럼 만들 수 있다 함이니, 근거 없는 말이라도 여러 사람이 우기고 떠들면 곧이 듣게 된다는 뜻. [參] 세 사람만 우겨대면 없는 호랑이도 만들어낼 수 있다.

三人(さんにん)寄(よ)れば文殊(もんじゅ)の知恵(ちえ)

세 사람이 모이면 문수의 지혜

평범한 사람이라도 셋이 모이면 문수보살 같은 지혜가 나온다. 문수보살은 지혜를 맡은 보살.

三年(さんねん)たてば三(みっ)つになる

삼 년 지나면 세 살이 된다

시간의 경과에 따라서 사물은 변화하는 것이다. 쓸데없이 세월은 경과하지 않는다. 사물의 변화는 심하다는 말.

三遍廻って煙草にしよう
세 번 돌고 나서 담배를 피우자

야경꾼이 철저히 살펴본 다음에 쉬도록 하자는 말. 조심하는 것이 무엇보다 중요하다는 말.

し

しおから　　く　　　みず　の
塩辛を食おうとて水を飲む

젓갈을 먹으려고 물을 마신다

목적과 방법의 순서를 그르치고 도리어 쓸데없는 짓을 함을 이르는 말. ㊌ 벼슬하기 전에 일산 준비.

しお　ふち　うず　ごと
塩にて淵を埋む如し

소금으로 못을 메우는 것과 같다

도저히 불가능하여 해 본댔자 헛일이 된다는 말. ㊌ 밑 없는 독에 물 붓기.

しお　はか　　　　て　な
塩を量りても手は嘗められる

소금을 달아도 손은 핥을 수 있다

어떤 보잘것없는 일에도 그런 대로의 보수는 있다는 말. ㊌ 상전의 빨래를 해도 발뒤축이 희다.

仕返しは三層倍
앙갚음은 세 곱

남을 해치려고 하다가 도리어 더 크게 화를 입게 된다는 뜻. ㊂ 가는 방망이, 오는 홍두깨.

鹿待つところの狸
사슴 기다리는 터에 너구리

예기한 좋은 것은 얻을 수 없고, 시시한 것을 얻었다는 비유. ㊂ 고기는 안 잡히고 송사리만 잡힌다.

鹿を逐う者は山を見ず
사슴을 쫓는 자는 산을 보지 않는다

한 가지 일에 열중한 자는 다른 일은 돌보지 않는다.

食には友を忘る
먹는 데는 벗을 잊어버린다

욕망이나 본능을 충족시키기 위해서는 친구의 일도 잊는 것이 보통이라는 말. ㊂ 둘이 먹다가 하나가 죽어도 모른다.

地獄から迎えに来そう

지옥에서 부르러 올 듯함

죽을 듯한 모양을 이르는 말. [參] 염라대왕이 문 밖에서 기다린다.

地獄で佛に逢ったよう

지옥에서 부처를 만난 듯

몹시 곤란을 겪고 있는 때에 뜻밖에 남의 구원을 얻은 기쁨을 이르는 말. [參] 어둔 밤의 등불.

地獄の沙汰も金次第

지옥의 재판도 돈으로 좌우된다

무슨 일이든지 돈이면 다 된다는 말. 곧 금력만능(金力萬能)의 비유. [參] 돈만 있으면 귀신도 부릴 수 있다.

仕事は多勢

일은 많은 사람이

일은 여러 사람이 같이 힘을 합하면 쉽게 잘 된다는 말. [參] 손이 많으면 일도 쉽다.

仕事を追うて仕事に追われるな
일은 쫓아야지 일에 쫓기지 말라

일은 닥치는 대로 해치워야지 미루어 두어서는 안 된다는 말.

死しての長者より生きての貧人
죽어서 백만장자가 되기보다 살아서 가난한 사람 됨이 낫다

사람은 사는 것이 중요한 문제이어서 부귀영화도 죽음과는 바꿀 수 없다는 말. 參 산 개가 죽은 정승보다 낫다. 거꾸로 매달아도 이승이 좋다.

獅子に鰭
사자에게 지느러미

지느러미가 있으면 물속에서도 활동할 수 있으니, 힘이 더욱 세어졌다는 비유. 강한 사람에게 또한 권세가 더 붙어 크게 두려울 만하게 됨을 이름. 參 범에게 날개.

静かに流れる川は深い
조용히 흐르는 강은 깊다

164…したし

덕이 높고 생각이 깊은 사람은 잘난 체하지 않는다는 비유. ⚫ 물이 깊을수록 소리가 없다. 빈 수레가 더 요란하다.

親しき中にも礼儀あり
친한 사이에도 예의가 있다

친하다고 예의를 잊어버리면 불화를 초래하게 된다는 말.

舌の剣は命を絶つ
혀의 칼은 목숨을 끊는다

말은 조심하지 않으면 제 목숨을 없앨 수 있다는 말. ⚫ 혀 아래 도끼 들었다.

質に取られた達磨のよう
저당잡힌 오뚝이처럼

한구석에 잠자코 있는 사람을 조롱하는 말. ⚫ 저당잡은 촛대.

死中に活を求む
죽음 속에서 삶을 찾는다

죽을 지경에 빠졌다가 다시 살 길을 찾는다는 말. 參 하늘이 무너져도 솟아날 구멍이 있다. 죽을 수가 닥치면 살 수가 생긴다.

疾風に勁草を知る
질풍에 경초를 안다

강풍이 불어서 비로소 억센 풀을 알 수 있는 것과 같이, 어렵게 된 때에야 그 사람의 진가를 엿볼 수 있다는 비유. 參 궁(窮)한 뒤에 행세(行勢)를 본다. 질풍지경초(疾風知勁草).

死なば卒中
죽으려면 뇌졸중

어차피 죽으려면 고생이 없는 뇌졸중이 좋다는 말. 參 죽음은 급살이 제일.

死にし子顔よかりき
죽은 자식 얼굴 예뻤다

이미 잃어버린 것은 아무리 좋다고 한들 쓸데없다는 말. 參 죽은 자식의 귀 모양 좋다 하지 말라.

死に別れより生き別れ
사별보다 더한 생이별

생이별은 사별보다 더 슬프다는 말. ⑳ 살아 생이별은 생초목에 불붙는다.

渋柿の核澤山
날감 씨 많다

가난한 사람일수록 자식이 많다는 비유. ⑳ 못된 나무에 열매가 많다.

自分の盆の窪は見えず
자기 꼭뒤는 볼 수 없다

제 허물을 제가 알아차리지 못한다는 말. 제 자신을 아는 것은 대단히 힘드는 일이라는 뜻. ⑳ 도끼가 제 자루 못 찍는다.

麝あれば香し
사향이 있으면 향기롭다

학덕이 있으면 자연히 세상에서 인정을 받게 된다는 말. ⑳ 싸고 싼 향내도 난다.

蛇(じゃ)が出(で)そうで蚊(か)も出(で)ぬ

뱀이 나올 듯한데 모기도 안 나온다

무엇인가 큰일이 일어날 것 같으면서도 아무 일도 일어나지 않는다는 말.

釋迦(しゃか)にも經(きょう)の讀(よ)み違(ちが)い

석가에게도 독경 잘못

아무리 훌륭한 사람이라도 과실을 면할 수는 없다는 비유. [參] 원숭이도 나무에서 떨어진다.

杓子(しゃくし)で腹(はら)を切(き)る

국자로 배를 가른다

되지 않을 일을 한다는 비유. 또는 형식적으로 흉내만 낸다는 비유. [參] 가지 나무에 목을 맨다.

しゃくとり虫(むし)のかがむも伸(の)びんがため

자벌레 움츠림도 펴자는 뜻이라

대지를 가진 사람이 여러 가지 고난을 견디며 공부하는 것은 장래를 위함이라는 비유. [參] 개구리도 옴쳐야 뛴다.

杓子は耳かきにはならぬ
국자는 귀개가 되지 못한다

큰 것이 반드시 작은 것의 대신이 될 수는 없다는 말.
參 쇠 힘도 힘이요, 새 힘도 힘이다.

蛇の道はへび
구렁이의 길은 뱀이 안다

같은 처지에 있는 자만이 그 사정을 알아준다는 비유.
參 과부 사정은 과부가 안다. 초록은 동색.

姑が憎けりゃ夫まで憎い
시어머니가 미우면 남편까지 밉다

시어머니가 며느리를 괄시하는 데 대한 며느리의 증오심이 남편에게까지 미친다는 말. 參 시어머니 미워서 개 배때기 찬다.

姑の涙汁
시어머니의 눈물

시어머니는 며느리에게 대하는 동정의 눈물이 적다는 말로, 몹시 적다는 말. 參 시앗 죽은 눈물만큼.

重箱の隅を楊子でほじくる
찬합의 구석을 이쑤시개로 후빈다

자잘한 일에까지 미주알고주알 간섭하는 것을 이르는 말. ⑳ 담배씨로 뒤웅박 판다. 좁쌀 영감.

出家の念佛嫌い
중이 염불을 싫어한다

가장 소중히 하고 중요시해야 할 것을 싫어함. 가장 중요한 것을 하지 아니함을 비유하는 말.

朱に交われば赤くなる
붉은 물감에 섞이면 붉어진다

사람은 사귀는 벗에 따라 선악의 그 어느 쪽으로도 감화되기 쉬움을 비유하여 이르는 말. ⑳ 검은 먹에 가까이 가면 검어진다. 삼밭에 쑥대.

主腹良ければ下司腹知らず
주인 배 부르면 종 배 아랑곳없다

주인은 자기 생활이 넉넉하면 종의 형편 등은 생각해 주지 않는다는 비유. ⑳ 제 배가 부르면 종 배고픈 줄 모른다.

小寒(しょうかん)の氷(こおり)大寒(だいかん)に解(と)く

소한의 얼음 대한에 녹는다

문자 뜻으로는 '大寒'이 '小寒'보다 더 춥겠으나, 사실은 소한 무렵이 더 춥다는 말. 사물이 반드시 순서대로 되지 않는다는 비유. [參] 추운 소한은 있어도 추운 대한은 없다.

しよう事(こと)無(な)しの米(こめ)の飯(めし)

할 수 없어 쌀밥

보리를 팔 돈이 없어서 할 수 없이 가지고 있는 쌀을 먹는다는 말. 아무 재능이 없으니 어떤 하나만을 자랑하는 것. [參] 없어 비단 치마.

冗談(じょうだん)から泣(な)きが出(で)る

농담에서 울음이 난다

농담으로 한 말이 정말이 되어 마침내 뜻하지 않은 사태가 생겼을 때의 비유. [參] 웃음 끝에 눈물.

掌中(しょうちゅう)の珠(たま)

손안의 구슬

손바닥 안에 있는 귀중한 물건, 곧 가장 사랑하는 귀한 자식을 이르는 말. [參] 장중보옥(掌中寶玉).

女郎(じょろう)の誠(まこと)と卵(たまご)の四角(しかく)

창녀의 진심과 달걀의 사각

있을 수 없는 것이라는 비유. [參] 중의 상투.

白髪(しらが)は冥途(めいど)の使(つかい)

백발은 저승의 사자

백발이 많아지는 것은 죽음이 가까와 오는 징조라는 것을 말함. [參] 가는 세월 오는 백발.

知(し)らずば半分値(はんぶんね)

모르거든 반값

가치를 모르는 것이면 부르는 값의 반값을 치면 대강 맞는다는 말. [參] 물건을 모르거든 값을 더 주라.

知らぬは人の心
모를 것은 사람의 마음

사람의 마음속은 알 수 없는 것이라는 말. ⚛낯은 알아도 마음은 모른다. 사람의 마음은 하루에도 열두 번.

知らぬは佛見ぬが極楽
모르는 게 부처님 안 보는 게 극락

아무것도 모르는 것이 속이 편하다는 말. ⚛들으면 병이요 안 들으면 약이다.

知らぬ道も銭か教える
모르는 길도 돈이 가르친다

돈만 내면 모르는 것도 가르쳐 주는 사람이 있어서, 현명하지도 못한 사람이 돈 덕분으로 큰소리치고 살아감을 이름. ⚛돈만 있으면 개도 명첨지라.

尻も結ばぬ糸
매듭도 안 맺는 실

행동에 맺힌 데가 없다는 비유. ⚛똥 누고 밑 아니 씻은 것 같다.

信心も欲から
신앙심도 욕심으로부터

　신앙심도 그 근본은 신불의 은혜를 원하는 현실적인 욕망에서 생기는 것이라는 말. ㊂부처님 위하여 불공(佛供)하나, 제 몸 위해 불공하지.

人生朝露の如し
인생은 아침 이슬과 같다

　사람의 일생은 실낱 같은 것이라는 뜻. ㊂실낱 같은 목숨. 풀 끝의 이슬. 백년을 살아도 삼만 육천 일.

死んだ子の年勘定
죽은 자식 나이 세기

　이왕 그릇된 일은 생각하여도 쓸데없다는 말. 돌이킬 수 없는 과거에 집념을 갖지 말라는 말. ㊂죽은 자식 눈 열어 보기.

死んで千杯より生前の一杯

죽어 천 잔 술보다 생전의 한 잔 술

　죽은 후에 제사지내는 천 잔의 술보다 생전의 한 잔 술이 더 좋다는 말. ㉾ 죽어 석 잔 술이 살아 한 잔 술만 못하다. 사후대탁이 불여생전일배주(死後大卓 不如生前一杯酒).

死んで花實が咲くものか

죽은 다음에 꽃·열매 달릴까

　살아 있으면 다시 봄이 와서 꽃도 필 것이라는 뜻. 죽은 다음은 행복이 없다. 죽으면 끝장이다. ㉾ 말똥에 굴러도 이승이 좋다.

しんどが利

고생이 벌이

　고생만 하고 애쓴 보람이 없음을 이르는 말. ㉾ 못 먹는 잔치에 갓만 부순다.

親は泣き寄り他人は食い寄り

일가 친척은 울며 모여들고 남은 먹으러 모여든다

불행이 있을 때 일가붙이는 동정과 애도를 위하여 모여들고, 남은 먹을 것을 바라고 모여든다는 말. [參] 먹는 데는 남이요, 궂은 일엔 일가라. 조상보다도 팥죽에 마음이 있다.

[す]

粋(すい)が川(かわ)へはまる

노련한 자가 강에 빠진다

노련한 자가 오히려 실패하는 적이 있다는 비유. [參] 헤엄 잘 치는 놈이 물에 빠져 죽는다.

水火(すいか)を辭(じ)せず

물불을 가리지 않는다

어떤 괴로움이 있더라도 굽히지 않고 힘쓴다는 말. [參] 물인지 불인지 모른다.

水魚(すいぎょ)の交(まじ)わり

수어지교(水魚之交)

매우 친밀하게 사귀는 사이라는 뜻. [參] 수어지친(水魚之親). 관포지교(管鮑之交).

水中に火を求む

물속에서 불을 구한다

도저히 불가능한 일을 하려는 어리석음을 이르는 말. ㊂산에서 물고기 잡기.

翠は羽を以て自ら殘う

취이우자잔(翠以羽自殘)

재주와 꾀가 있는 사람이 그로 말미암아 앙화를 받음을 비유한 말. ㊂고화자전(膏火自煎).

過ぎたるは及ばざるが如し

과(過)는 불급(不及)이라

지나친 것은 미치지 못함과 같다는 말. ㊂보리 누름까지 세배한다.

空き腹にまずい物なし

허기진 배에 맛없는 것이 없다

배가 고픈 때는 무엇이든지 맛이 있게 먹을 수 있다는 말. ㊂시장이 팥죽.

178 … すじぼね

筋骨を抜かれたよう

근골을 뺀 것과 같다

기력도 체력도 빠지고 느른한 모양이 된다는 말. 參 뿔 뺀 쇠 상.

雀一寸の糞ひらず

참새는 한 치의 똥을 안 눈다

물건에는 제각기 크기의 규모가 있다는 비유. 參 노루 꼬리가 길면 얼마나 길까. 어린아이 자지가 크면 얼마나 클까.

雀の脛から血を絞るよう

참새 정강이에서 피를 짜내는 듯

약한 사람에게서 금품을 우려내는 비유. 參 벼룩의 선지를 내어먹는다. 모기 다리에서 피 뺀다.

雀の千聲鶴の一聲

참새의 천 마디 학의 한 마디

대수롭지 않은 사람의 천 마디보다 중심이 되는 사람이 한마디하는 것이 더 효과가 크다는 말.

雀の涙
참새의 눈물

극히 사소하다는 비유. 분량이 매우 적다는 말. ㊂ 새 발의 피. 벼룩의 간.

雀百まで踊忘れぬ
참새는 백 살까지 춤추는 것을 안 잊는다

어릴 때의 버릇이 나이를 먹어도 변하지 않는다는 말. 늙어도 바람기가 있는 사람의 비유. ㊂ 세 살 적 버릇이 여든까지 간다. 배운 도둑질 같다.

捨て犬に握り飯
버려진 개에게 주먹밥

애쓴 보람이 없고 헛수고로 끝나는 것의 비유.

捨てる神あれば拾う神あり
버리는 신이 있으면 줍는 신이 있다

자기를 내버려 두는 사람이 있는 반면에 돌봐 주는 사람도 있으니, 역경에 빠져도 비관할 필요는 없다는 말. ㊂ 내 미워 기른 아이 남이 괸다.

180…すなじ

砂地の小便でたまらない

모래밭의 오줌이라 괴지 않는다

아무리 하여도 보람이 나타나지 않는 경우에 이름. 돈이 모이지 않는다는 재담. '오줌이 괴다'와 '돈이 모이다'를 대조한 것. 參 시루에 물 붓기.

砂の底から玉が出る

모래 속에서 구슬이 나온다

흔해빠진 것이 많이 있는 가운데서 때로는 귀중한 것이 섞여 나오는 것을 비유한 말.

酢の蒟蒻の

초니 곤약이니

이러쿵저러쿵하고 이유를 붙이는 모양. 이러니저러니 이론을 캐다.

滑り道とお經は早い方がよい

미끄럼 길과 독경은 빠른 편이 좋다

미끄럼 길은 남보다 먼저 건너가는 것이 좋고, 경은 빨리 읽어 주는 것이 고맙다는 말.

すまじきものは宮仕え
못해 먹을 짓은 궁살이

할 게 못 되는 것은 고용살이라고, 월급장이가 직업상의 괴로움을 자탄하는 말. 🈁 원살이 고공(庫工)살이.

住めば都
살아 정들면 고향

어디든지 오래 살아 정이 들면 그곳이 좋은 곳으로 여겨진다는 말. 🈁 살아가면 고향.

相撲に負けて妻の面張る
씨름에 패하고 아내의 얼굴 친다

노여움을 다른 애매한 곳에 옮겨 화풀이한다는 뜻. 🈁 영에서 뺨 맞고 집에 와서 계집 친다.

李を植えて李を得
오얏을 심어서 오얏을 얻음

모든 일은 인과의 법칙을 어길 수 없다는 말. 🈁 가시나무에 가시가 난다.

擂粉木で芋を盛る

절굿공이로 토란을 쌓아 올린다

도저히 불가능한 일의 비유.

寸善尺魔

촌선척마(寸善尺魔)

좋은 것은 적고, 나쁜 것이 많다는 말.

寸鐵人を刺す

한 치의 쇠가 사람을 찌른다

짧고 간결한 말이나 글귀를 가지고 상대방을 꼼짝도 못하게 함을 이름. 날카로운 경구는 그 효력이 크다는 말. ㉸촌철살인(寸鐵殺人). 천냥 빚도 말로 갚는다.

せ

生ある者は死あり
생명 있는 것은 죽음이 있다

살아 있는 자는 반드시 망하고야 만다는 말. ㉟ 생자필멸(生者必滅).

正鵠を失わず
정곡을 잃지 않는다

사물의 핵심을 찔러 정확한 논평이 된다는 비유. 사물의 핵심을 파악한다는 말.

精神一到何事か成らざらん
정신일도 하사불성(精神一到何事不成)이리오

열심히 하면 무슨 일이든지 성공할 수 있다는 말. ㉟ 열

번 찍어 아니 넘어가는 나무 없다.

聖人に夢なし
성인에게는 꿈이 없다

　성인은 마음이 안정되고 잡념에 시달리지 않으므로 언제나 안면하게 되고, 따라서 일체 꿈이라는 것을 꾸지 않는다. ㊂ 성인은 허황되지 않는다.

清水に魚棲まず.
청수에 고기 안 논다

　물이 너무 맑으면 고기도 모이지 않는다 함이니, 인간도 너무 청렴하면 사람이 따르지 않는다는 비유.

清濁併せ飲む
맑음과 흐림을 모두 받아들인다

　도량이 커서 군자나 소인, 선인과 악인을 차별하지 않고 모조리 용납한다. 좋고 나쁜 것을 가리지 않다.

急いては事を仕損ずる
서두르면 일을 망친다

너무 일을 서두르면 도리어 실패한다는 말. 일을 함에 있어 너무 성급히 하면 성공할 수 없다는 말. [參] 급히 먹는 밥에 목이 멘다. 괄기는 인왕산 솔가지라.

青天(せいてん)の霹靂(へきれき)

청천벽력(青天霹靂)

뜻밖에 큰일을 당함을 이름. 또는 약동하는 필세를 말함. [參] 마른 하늘에 벼락 맞는다.

盛年(せいねん)重(かさ)ねて來(きた)らず

젊은 시절은 거듭 오지 않는다

공부하기 좋은 때는 다시 오지 않으므로, 시간을 아끼라는 뜻. [參] 인생 연소 부재래(人生年少不再來).

赤貧(せきひん)洗(あら)うが如(ごと)し

적빈 씻은 듯하다

어찌나 가난한지 아무것도 가진 것이 없다는 말. [參] 불고 쓴 듯하다.

世間(せけん)の口(くち)に戸(と)は立(た)てられぬ

남의 입에 문을 달 수는 없다

자기에게 불리한 말을 한다고 남의 입을 봉할 수는 없다는 비유. 參중구난방(重口難防).

世間は廣いようで狹い
세상은 넓은 것 같으면서도 좁다

세상은 넓은 것같이 보이나 생각하기보다는 좁은 것으로서, 뜻하지 않는 곳에서 우연히 옛 친구를 만나게 된다는 말. 넓고도 좁은 세상이라는 뜻.

雪隱と持佛
뒷간과 수호불(守護佛)

없어서는 안 될 물건의 비유. 持佛은 신변을 지켜 주는 수호불로서 신앙하는 불상. 雪隱은 뒷간.

切ない時は茨も摑む
애절할 때는 가시덤불이라도 잡는다

사람은 위급한 때를 당하면 부지중에 찌르는 가시덤불이라도 붙들려는 심정이 된다는 말. 參물에 빠지면 지푸라기라도 잡는다.

背中の子を三年探す
등에 업은 아이 삼 년 찾는다

가까운 데 있는 것을 모르고 다른 데 가서 그것을 찾고 다닌다는 뜻. 參 업은 아이 삼 간(삼 면·삼 년) 찾는다.

銭ある者は生き銭なき者は死す
돈 있는 사람은 살고 돈 없는 사람은 죽는다

인간의 목숨이라도 돈의 힘으로 좌우되는 것이라는 말. 돈만 있으면 무슨 일이라도 다 할 수 있다는 말.

銭あれば石佛も頭を返す
돈만 있으면 돌부처도 돌아본다

돈을 보면 돌부처라도 얼굴을 돌리게 된다는 말. 參 돈만 있으면 개도 명첨지라.

銭轡を嵌める
돈으로 재갈을 물린다

돈을 보내어 남의 언동을 속박하는 것을 말함. 뇌물을 보내어 입씻김으로 함. 參 이 떡 먹고 말 말아라.

銭(ぜに)なき男(おとこ)は帆(ほ)のなき舟(ふね)の如(ごと)し

돈 없는 사나이는 돛 없는 배와 같다

사나이는 돈 없이는 활동할 수 없고, 어찌할 수 없다는 말.

銭(ぜに)は足(あし)なくして走(はし)る

돈은 발이 없어도 달려간다

돈에 발은 없어도, 그 유통하는 속도는 매우 빠르다는 말. 돈은 'おあし'(발)라고 함.

銭(ぜに)持(も)たずの團子(だんご)選(よ)り

돈 없는 놈이 경단 고르기

돈이 없으면 살 수 없고, 소용없는 노력을 하여도 할 수 없다는 비유. [參] 돈 없는 놈이 큰 떡 먼저 든다.

背(せ)に腹(はら)はかえられぬ

등을 배로 바꿀 수는 없다

중요하지 않은 것을 중요한 것과 바꿀 수는 없다는 비유. 큰일을 위해서는 딴 일에는 일체 마음을 쓸 수 없다.

千金の子は市に死せず
천금의 아들은 저자에서 죽지 않는다

부자의 아들은 시정에서 악한의 손에 걸려 죽지 않는다. 그러기 전에 금력으로 위험을 모면한다는 말. 장차 큰 사람이 될 이는 개죽음을 안한다는 뜻. 參 천금불사 백금불형(千金不死百金不刑).

千石萬石も飯一杯
천 석 만 석도 밥 한 그릇

천 석 만 석의 봉록을 받는 사람이라도 먹는 밥의 분량은 보통 사람과 같다는 말. 參 어른도 한 그릇, 아이도 한 그릇.

前車の覆るは後車の戒め
앞 차의 뒤집어짐은 뒷 차의 교훈

전철을 되풀이 말라는 뜻. 앞 사람의 실수는 뒷 사람의 좋은 교훈이 된다는 말. 參 전차복 후차계(前車覆後車戒). 복철을 밟지 말라.

190…せんじょう

千丈の堤も蟻の一穴から
천길 방축도 개미의 구멍 하나로

작은 잘못이 큰 실패를 일으킬 수가 있다는 말. 🄼 큰 방축도 개미 구멍으로 무너진다.

先生と呼んで灰吹き捨てさせる
선생이라 부르면서 재떨이 비우게 한다

선생님이라 치켜세워서 겉으로는 존경하는 체하면서 남이 싫어하는 더러운 일을 시키고 사람을 부려먹는다는 말. 🄼 아저씨 아저씨 하고 길짐만 지운다.

栴檀は双葉より芳し
백단향은 떡잎 때부터 향기롭다

뛰어난 사람은 어렸을 적부터 뛰어난 데가 있다는 비유. 🄼 될 성부른 나무는 떡잎부터 알아본다.

船頭多くして船山へ上る
뱃사공이 많으면 배가 산으로 올라간다

간섭하고 참견하는 사람이 많으면 오히려 일을 그르친다는 비유. 🄼 목수가 많으면 집을 무너뜨린다.

千日の旱魃に一日の洪水
천 일의 가뭄에 하루의 홍수

 천 일의 가뭄과 하루의 홍수의 피해는 마찬가지라는 말인데, 홍수의 두려움을 말함. 參 가뭄 끝은 있어도 장마 끝은 없다.

善は急げ
좋은 일은 서둘러라

 좋은 일은 생각하면 곧 실행에 옮기는 것이 좋다는 말. 參 쇠뿔은 단김에 빼라.

善も一生 惡も一生
선도 한평생 악도 한평생

 착한 일을 하면서 살거나 악한 일을 하면서 살거나 다 같은 한평생이지만, 같은 값이면 자기 마음내키는 대로 살라는 말.

前門の虎を追い後門の狼を迎う
앞문에 범을 몰아내고 뒷문의 늑대를 맞이한다

 한 가지 어려움이 지나면 또 다른 어려움이 닥친다는

비유. ❸ 조약돌을 피하니까 수마석을 만난다. 갈수록 태산이라.

千里の野に虎を放つ
천리 들판에 호랑이를 풀어 놓는다

화근을 길러서 스스로 걱정거리를 산다는 뜻. ❸ 범을 길러 화를 받는다. 양호우환(養虎憂患).

千里も一里
천리 길도 십리(길과 같다)

그리운 사람이 있는 곳에 갈 때는 먼 길도 별로 멀다고 느껴지지 않는다는 말. ❸ 불원 천리(不遠千里).

千慮の一失
천려일실(千慮一失)

지혜 있는 사람도 때로는 과실이 있다는 말. 뜻밖의 실패. ❸ 천려일득(千慮一得)

滄海の一粟
そうかい　いちぞく

창해의 일속

넓고 깊은 바다에 좁쌀 한 알이라 함이니, 우주(宇宙) 가운데 인간의 존재가 극히 미약하며, 보잘것없다는 뜻으로 이르는 말.

滄海變じて桑田となる
そうかいへん　　　そうでん

푸른 바다가 변하여 뽕밭이 된다

세상의 변천이 매우 큼을 이르는 말. 參 상전벽해(桑田碧海).

喪家の狗
そうか　いぬ

초상집 개

먹을 것이 없어 이곳저곳 헤매어 다님을 이름. 힘이 없고 마른 사람의 비유.

創業は易く守成は難し
업을 일으키기는 쉽고 그걸 지키기는 어렵다.

새로운 사업을 일으키는 일에 비하여 그 사업이 쇠퇴하지 않도록 유지하는 일이 더 어렵다는 말.

糟糠の妻は堂より下さず
조강지처는 불하당(糟糠之妻 不下堂)

오랫동안 고락을 같이한 아내는 소중하게 대우하여야 한다는 말.

そうは問屋が卸さぬ
그렇게는 도매상이 팔아 주지 않는다

상대방의 말대로는 응할 수 없는 경우 또는 자기의 뜻대로는 잘되지 않는다는 말. 엿장수 마음대로는 안 된다.

総領の甚六
맏아이는 멍청이

맏아들은 그 동생들에 비해서 느리고 멍청하다는 말. 세상 물정에 어두운 사람이나 맏아들을 경멸하는 말.

葬礼すんでの醫者話
장례 끝난 뒤에 의사 논의

이미 때가 늦어 소용없이 되었다는 뜻. ❀성복 뒤에 약방문. 행차 뒤에 나팔.

即時一杯の酒
즉시 한 잔 술

죽은 후에 제사 지내는 천 잔의 술보다 생전의 한 잔 술이 더 좋다는 말. ❀죽어 석 잔 술이 살아 한 잔 술만 못하다.

俎上の魚
도마 위에 오른 고기

어찌할 수 없는 막다른 처지에 빠졌음을 이름. 운명이 남의 손에 쥐어졌다는 비유. ❀물 밖에 난 고기. 독 안에 든 쥐.

そっと申せばぎゃっと申す
슬쩍 이야기를 걸면 꽥 하고 대답한다

작은 소리로 이야기를 걸면 어처구니없는 큰소리로 대

답한다는 말. 모르는 체하고 빗대어 말하는 것을 이른다.

袖から手を出すのも嫌

소매에서 손을 내는 것도 싫다

매우 인색한 사람의 비유. [參] 감기 고뿔도 남을 안 준다.

袖すり合うも他生の縁

소매를 서로 스치는 것도 전생의 인연

어떤 일이든지 모두 깊은 인연이 있어서 생긴다는 말.

袖の下に回る子は打たれぬ

소매 밑을 도는 아이는 맞지 않는다

도망치려고 하는 아이는 따라가서라도 때리지만 매달리는 아이는 귀여워서 꾸짖을 수가 없다는 말.

袖の長いは舞いが上手に見える

소매가 길면 춤이 능숙하게 보인다

무엇이든지 소질과 조건이 풍족한 사람은 순조롭게 성공한다는 비유. [參] 소매가 길면 춤을 잘 추고, 돈이 많으면 장사를 잘 한다.

外襤褸の内錦
난 누더기 든 비단

밖으로는 거지처럼 보이지만, 안으로는 살림이 부자처럼 넉넉한 사람을 이름. 🎋 난 거지 든 부자.

その一を知りてその二を知らず
그 하나를 알고 그 둘을 모른다

사물의 도리의 일부분만을 이해하고 그 이상의 일이 있는 것을 이해하지 못한다는 말. 🎋 하나만 알고 둘은 모른다.

その國に入ればその俗に従う
그 나라에 가면 그 풍속을 따른다

어디를 가나 그 지방의 풍속을 좇아야 한다는 뜻. 🎋 입향순속(入鄕順俗).

其の罪を惡んで人を惡まず
그 죄를 미워하되 그 사람을 미워하지 않는다

죄는 미워해야 하겠으나, 그 사람을 미워함은 옳지 않는다는 말.

その日(ひ)その日(ひ)の風次第(かぜしだい)

그날 그날의 바람부는 대로

목적이나 의지도 없고, 되어 가는 형편에 맡겨 두는 생활 태도를 말함. [參]바람부는 대로 물결치는 대로.

側杖(そばづえ)を食(く)う

후림불에 걸려 들다

관계 없는 일에 봉변을 당하는 것을 말함. [參]고래 싸움에 새우 등 터진다. 비화(飛火).

そばにある炒(い)り豆(まめ)

옆에 있는 볶은 콩

모르는 사이에 손을 내는 것을 말함. 볶은 콩과 소녀가 옆에 있으면 부지중에 문득 손이 나오게 된다는 뜻.

外(そ)れ弾丸(だま)の八方的(はっぽうまと)

유탄의 팔방 과녁

선불은 어디로 날아갈지 모르니, 막을 수 없다는 말. 과녁이 어디 있는지 알 수 없다.

空吹く風と聞き流す
하늘에 부는 바람이라 흘려 듣는다

남의 말을 들어도 자기는 아무런 관계가 없다는 듯이 모르는 체한다는 비유. ※ 어디 개가 짖느냐 한다.

そろそろ行けば田も濁る
천천히 가면 무논도 흐려진다

모든 일은 꾸물거리면 변변한 일이 없다. 장애가 없는 동안에 지체없이 속히 해치우는 것이 좋다는 말.

算盤で錠が開く
주판으로 자물쇠가 열린다

숫자를 들어서 이야기하면 모든 일은 해결된다는 뜻. 주판을 가지고 따져야 일이 해결된다는 말.

添わぬ中が花
함께 살지 않는 동안이 꽃

부부가 되면 서로 결점이 눈에 띄고 제멋대로 굴게 되어 연애 중과 같은 즐거움도 없어지는 것이다.

損(そん)して得取(とくと)る

손해보고 이익을 얻는다

한때는 손해를 보더라도 장래의 큰 이익을 꾀하는 것을 말함. [參] 하나를 잃고 둘을 얻어라.

損(そん)して恥(はじ)かく

손해보고 창피당한다

손해를 본 것만도 분한데 그 위에 창피까지 당하는 등, 지독히 혼이 났다는 말. [參] 엎친·데 덮치기. 패가망신(敗家亡身).

た

田歩くも畦歩くも同じ
논을 걸으나 논두렁을 걸으나 마찬가지

수단・방법・경로는 다르나 목적은 다 같다는 뜻. 參 모로 가도 서울만 가면 된다.

大海の一滴
대해의 한 방울

광대한 곳에 극히 작은 것이 있음을 비유해서 하는 말. 參 구우일모(九牛一毛).

大海の底は測りつべし人の心は測るべからず
대해 밑은 헤아릴 수 있어도 사람의 마음은 헤아릴 수 없다

사람의 마음을 알아내기가 어렵다는 뜻. 參 열 길 물속은 알아도 한 길 사람의 속은 모른다.

大旱の雲霓を望む
대한에 운예를 바란다.

심한 가뭄에 비의 전조인 구름이나 무지개를 기다린다는 뜻. 어떤 기회의 도래함을 간절히 애타게 기다린다는 뜻. 參 칠 년 대한에 대우 기다리듯.

對岸の火事
대안의 불

남의 일이니 자기에게는 아무 고통도 없다는 비유. 參 강 건너 불 보듯. 남의 사돈이야 가거나 말거나.

大魚は小池に棲まず
큰 물고기는 작은 못에 살지 않는다

큰 인물은 대수롭지 않은 위치에서는 열을 내어 일하지 않는다. 參 흐르는 시냇물에 큰 물고기 없다.

大黒柱を蟻がせせる
상기둥을 개미가 갉는다

아무 효과도 없는 것을 비유함. 무력한 사람이 힘에 겨운 큰일을 하는 것을 말함. 參 개미가 절구통을 물고 나간다.

大山鳴動して鼠一匹 (たいざんめいどう ねずみいっぴき)

큰 산이 울려서 쥐새끼 한 마리 나온다

미리 큰소리를 탕탕 쳤으나 그 결과는 아주 보잘것없음을 비유하는 말.

大事の前の小事 (だいじ まえ しょうじ)

큰일 앞의 작은 일

큰일을 하려고 할 때는 작은 일이라도 소홀히 해서는 안 된다는 말. 또는 큰일을 할 때는 작은 일은 돌보지 않아도 좋다는 말. 參 큰일이면 작은 일로 두 번 치러라.

鯛なくば狗母魚 (たい えそ)

도미 없으면 매퉁이

필요한 것이 없으면 다른 것으로 대용한다는 비유. 參 꿩 대신에 닭 쓴다.

鯛の尾より鰯の頭 (たい お いわし かしら)

도미 꼬리보다 정어리 대가리

작더라도 남의 우두머리가 될지언정 큰 사람의 종자가 되지 말라는 말. [參] 쇠꼬리보다 닭 대가리가 낫다.

大木(たいぼく)の下(した)に小木(しょうぼく)育(そだ)つ

큰 나무 아래에 작은 나무 자란다

큰 세력을 가진 사람 주위에는 그 덕을 받는 사람들이 있다는 비유. [參] 금강산 그늘이 관동 팔십 리.

大木(たいぼく)は風(かぜ)に倒(たお)る

큰 나무는 바람에 쓰러진다

지위 높은 사람은 남에게 미움을 받고 공격을 받기 쉽다는 비유. [參] 높은 가지가 부러지기 쉽다.

大木(たいぼく)は倒(たお)れても地(ち)に着(つ)かず

큰 나무는 쓰러져도 땅에 닿지 않는다

세력 있는 사람은 실패해도 주위에 있는 사람의 도움을 빌어 치명적인 타격을 받지 않는다는 비유. [參] 큰 집이 기울어져도 삼 년 간다.

鯛(たい)も比良目(ひらめ)も食(く)うたものが知(し)る

도미도 넙치도 먹어본 사람이 안다

경험이 없는 사람은 물건의 자세한 차이를 알 수 없다는 비유. ㉢고기도 먹어본 사람이 많이 먹는다.

大欲は無欲に似たり
큰 욕심은 욕심이 없는 것과 같다

큰 뜻을 품은 사람은 이익 같은 것을 문제삼지 않으므로, 남 보기에는 마치 욕심이 없는 듯이 보인다는 말. 욕심이 너무 많으면 욕심 때문에 눈이 어두워 손해를 초래하게 되므로 결국 욕심이 없는 것과 같게 된다는 말.

鷹の無い國では雀が鷹をする
매 없는 나라에서는 참새가 매 노릇한다

웃사람이 없으면 아랫사람이 그 일을 대신할 수 있다는 말. ㉢큰 말 나가면 작은 말이 큰 말 노릇한다.

鷹は飢えても穗をつまず
매는 주려도 이삭을 쪼지 않는다

정의의 사람은 아무리 곤궁해도 부정한 재물은 받지 않는다는 비유. ㉢양반은 얼어 죽어도 겻불을 안 쬔다.

寶(たから)の持(も)ち腐(ぐさ)れ

보물을 갖고서 썩힘

재능이나 수완이 있으면서도 쓰지 않음을 이르는 말. [參]언제 쓰자는 하눌타리냐.

薪(たきぎ)を負(お)うて火事場(かじば)に赴(おもむ)く

섶을 지고 화재 현장에 간다

스스로 재난을 초래하는 일을 한다는 비유. [參]화약을 지고 불로 들어간다.

多言(たげん)は身(み)を害(がい)す

말 많은 것은 몸을 그르친다

말이 많으면 해 되는 일이 많으니, 말을 삼가라고 경계하는 말. [參]가루는 칠수록 고와지고, 말은 할수록 거칠어진다.

蛸(たこ)の共食(ともぐ)い

낙지의 동족상잔(同族相殘)

같은 무리끼리 서로 잡아 먹는 것을 비유한 말. [參]갈치가 갈치 꼬리 문다.

出(だ)すことは舌(した)を出(だ)すのも嫌(きら)い

내는 것은 혀를 내미는 것도 싫다

몹시 인색한 사람의 비유.

闘(たたか)う雀(すずめ)人(ひと)を恐(おそ)れず

싸우는 참새는 사람을 겁내지 않는다

참새와 같이 겁 많고 약한 날짐승도 싸우느라 열을 올릴 때는 위험도 잊고 대담해져 사람이 가도 도망하지 않는다는 말.

叩(たた)かれた夜(よる)は寝(ね)やすい

매를 맞은 밤은 편하게 잘 수 있다

남에게 해를 입은 사람은 마음이 편하여 잠이 잘 온다는 말. [參] 맞은 놈은 펴고 자고, 때린 놈은 오그리고 잔다.

立(た)ち寄(よ)らば大樹(たいじゅ)の蔭(かげ)

들어서려면 큰 나무의 그늘

어차피 남의 비호를 구하려면 탄탄한 사람에게 기대라는 비유. [參] 인왕산 그늘이 강동 팔십 리 간다.

駄賃(だちん)取(と)らずの重荷(おもに)負(お)い

삯도 없이 무거운 짐 지기

공짜로 일하는 것을 이르는 말. [參] 먹지도 못하는 제사에 절만 죽도록 한다.

立(た)つ鳥(とり)後(あと)を濁(にご)さず

떠나는 새는 뒤를 더럽히지 않는다

떠나는 사람은 뒤가 보기 흉하지 않도록 정돈과 청소를 잘 해 두어야 한다는 말. 뒷처리가 깨끗함의 비유.

立(た)て板(いた)に水(みず)

세워 놓은 판자에 물

말을 술술 거침없이 잘 하는 것을 이르는 말. [參] 청산유수(青山流水) 같다.

立(た)てば芍薬(しゃくやく), 坐(すわ)れば牡丹(ぼたん)

서면 작약 앉으면 모란

미인의 용자의 아름다움을 이르는 말.

蓼食う蟲もすきずき
여뀌 먹는 벌레도 제 멋

　매운 여뀌를 좋아서 먹는 것도 제가 하고 싶어서 하는 것인데, 사람의 취미·기호는 각인 각색이라는 말. ㊉ 오이를 거꾸로 먹어도 제 멋.

棚から落ちた達磨
선반에서 떨어진 오뚝이

　지금까지 뽐내고 있던 사람이 실각해서 기운을 못 쓰게 된다는 비유. ㊉ 허리 부러진 호랑이.

棚から牡丹餅
선반에서 굴러 떨어진 팥떡

　생각지도 않았던 떡이 생긴다는 말로, 뜻밖에 굴러 온 행운의 비유. ㊉ 굴러 온 호박.

棚の牡丹餅も取らねば食えぬ
선반의 팥떡도 집지 않으면 먹을 수 없다

　아무리 손쉬운 일이라도 움직여 힘을 들이지 않으면 이익을 얻을 수 없다는 말. ㊉ 부뚜막의 소금도 집어넣어야 짜다.

他人(たにん)の疝氣(せんき)を頭痛(ずつう)に病(や)む

남의 산중에 제 골치 앓는다

아무 관계도 없는 남의 일을 쓸데없이 걱정한다는 비유. 남의 걱정을 하다가 자기가 속을 썩인다. [參] 남의 친환에 단지. 걱정도 팔자.

他人(たにん)の念佛(ねんぶつ)で極樂詣(ごくらくまい)り

남의 염불로 극락 간다

제 일을 하는 데, 남의 물건을 쓰고 자기 체면을 세우는 것을 말함. [參] 남의 바지 입고 춤추기.

他人(たにん)の飯(めし)には骨(ほね)がある

남의 밥에는 뼈가 있다

아무리 맛이 좋아도 남의 밥 속에는 매정한 것이 숨어 있다는 말. [參] 남의 밥은 맵고도 짜다.

頼(たの)む木(き)の下(した)に雨漏(あめも)る

믿는 나무 밑에 비가 샌다

꼭 믿었던 것이 허사가 되어 어찌할 바를 모름을 이름. ⑱ 믿는 도끼에 발등 찍힌다. 믿는 낡에 곰이 핀다.

頼むと頼まれては犬も木へ上る
부탁한다고 부탁받으면 개도 나무에 오른다

부탁한다고 의뢰를 받으면 안 될 일이라도 해내겠다는 마음이 된다는 말. ⑱ 권에 비지떡.

旅は道連れ世は情け
여행에는 길동무 세상살이에는 인정

여행할 때는 길동무가 있을수록 안심이 되고, 세상을 살아가는 데는 인정이 필요하다는 말.

卵に目鼻
달걀에 눈 코

새히얀 얼굴이 갸름하고 귀여운 용모를 이르는 말. ⑱ 깎은 밤 같다. 씻은 팥알 같다.

卵を見て時夜を求む
달걀을 보고 때알림을 구한다

달걀을 보고 닭이 울어 밤의 시각을 알리는 것을 기대함은 너무 빨리 결과를 기대한다는 비유. ⓟ 중매 보고 기저귀 장만한다.

卵を以て石を撃つ
달걀로 돌 치기

힘없는 것이 강한 것에 대항하면 도리어 저만 파멸하기에 이른다는 말. ⓟ 달걀로 백운대 치기. 돌을 차면 발부리만 아프다.

卵を割らずには卵焼きができぬ
달걀을 깨지 않고서는 달걀 부침은 만들 수 없다

필요한 일을 하지 않으면 기대하는 결과를 얻을 수가 없고, 그런 대로의 대가를 치르는 것도 할 수 없는 일이라는 말. ⓟ 껍질 상치 않게 호랑이를 잡을까.

騙すに敵なし
속임에는 적수 없다

남의 속임수는 아무리 조심해도 이것을 막을 수단이 없다는 뜻. ⓟ 벼락치는 하늘도 속인다.

玉(たま)に瑕(きず)

옥에 티

나무랄 데 없는 곳에 한 가지 흠이 있음을 이름. [參] 옥에도 티가 있다.

玉磨(たまみが)かざれば光(ひかり)なし

구슬은 닦지 않으면 광이 안 난다

좋은 소질 · 재능이 있더라도 노력하지 않으면 훌륭하게 되지 않는다는 말. [參] 배워야 면장이다.

黙(たま)り牛(うし)が人(ひと)を突(つ)く

말없는 소가 사람을 받는다

잠자코 있는 사람은 뒤에서 무엇을 하고 있는지 모르니, 주의해야 한다는 말. [參] 김 안 나는 숭늉이 더 뜨겁다.

鱈(たら)の焼(や)けたのと盲人(もうじん)の眠(ねむっ)ているのは分(わ)からぬ

대구의 구워진 것과 장님이 자는 것은 모른다

대구는 물기가 많으니, 잘 구운 것인지 알 수가 없다는 말. [參] 장님 잠자나 마나.

短氣は未練のもと
성급한 성품은 미련의 근본

성급히 일을 하면 뒤에 반드시 후회할 일이 생기는 것이라는 말. 參 성급한 놈 술값 먼저 낸다.

團子を食えば彼岸を思う
경단을 먹으면 피안을 상기한다

경단은 피안에 먹는 특정한 음식이니, 경단이 피안을 연상케 한다는 말. 바보의 한 가지 알기로 지레짐작을 하는 비유. 彼岸은 춘분·추분 전후의 7일간에 행하는 불교행사. 參 밥그릇이 높으니까 생일만큼 여긴다.

斷じて行えば鬼神もこれを避く
단호히 행하면 귀신도 이를 피한다

과단성 있게 일을 처리하면 어떠한 일이라도 이룰 수 있다는 말. 參 칼을 뽑고는 그대로 집에 꽂지 않는다.

短を捨て長を取る
단점을 버리고 장점을 취한다

결점이나 단점을 버리고 미점이나 장점을 취한다는 말. 參 사단취장(捨短取長).

ち

小さくとも針はのまれぬ
작아도 바늘은 삼킬 수 없다

작은 것, 사소한 것이라도 무시할 수 없다는 비유.

知恵と力は重荷にならぬ
지혜와 힘은 무거운 짐이 되지 않는다

지혜와 힘은 많으면 많을수록 더욱 좋고, 아무리 많이 있어도 짐이 되지 않고 극히 편리한 것이라는 말.

知恵は小出しにせよ
지혜는 조금씩 내놓아라

지혜는 대번에 다 쏟아 놓으면 곤란할 경우가 생기기 때문에 필요한 만큼만 조금씩 내는 것이 좋다는 말.

近(ちか)い所(ところ)の手焙(てあぶ)り

가까운 곳에 있는 손 쬐는 화로

가까운 곳에 있는 것을 우선 이용하는 것을 말함. 눈앞의 작은 이익을 추구하는 것. ❸ 사람과 쪽박은 있는 대로 쓴다.

地(ち)が傾(かたむ)いて舞(ま)いが舞(ま)われぬ

땅이 기울어져 춤추지 못한다

자기 기술이 부족한 줄을 모르고 도구만 탓한다는 뜻. ❸ 서투른 무당이 장고만 나무란다.

近道(ちかみち)は遠道(とおみち)

지름길은 먼 길

급한 때는 위험한 지름길을 가는 것보다 먼 길이라도 안전한 길을 가는 것이 결국은 빠르다는 말. 급하면 돌아가라.

力(ちから)は貧(ひん)に勝(か)つ

힘은 가난을 이긴다

부지런한 노력은 가난을 쫓아버릴 수 있다는 말.

血(ち)で血(ち)を洗(あら)う

피로 피를 씻는다

일가 친척끼리 골육상쟁(骨肉相爭)하는 것을 이르는 말. 동족상잔하다.

血(ち)は水(みず)よりも濃(こ)い

피는 물보다 진하다

혈통은 속일 수 없다. 만일의 경우에는 일가 친척이 남보다 의지가 되는 것을 이르는 말. [參] 팔이 안으로 굽는다.

血(ち)も涙(なみだ)もない

피도 눈물도 없다

사람다운 동정심 · 인간미가 조금도 없고 냉혹하다는 말.

茶(ちゃ)に酔(よ)うたふり

차 마시고 취한 체한다

알면서도 모르는 체하는 것을 비유함. [參] 뜨물 먹고 주정한다.

茶腹(ちゃばら)も一時(いっとき)

차 마신 배도 한때

차를 마셔도 잠깐 동안은 공복을 참을 수 있듯이, 아무리 하찮은 것이라도 잠시의 도움이 된다는 말. [參] 배고픈 때에는 침만 삼켜도 낫다.

忠言(ちゅうげん)耳(みみ)に逆(さか)らう

충언은 귀에 거슬린다

충고해주는 말은 귀에 거슬리나 행하면 이롭다 함이니, 제게 이로운 말일수록 듣기 싫어함이 보통이라는 뜻. [參] 양약은 고어구(良薬 苦於口). 충언은 역어이(忠言 逆於耳).

忠臣(ちゅうしん)は二君(にくん)に仕(つか)えず

충신은 불사이군(忠臣 不事二君)

충성을 다하는 신하는 오직 한 임금만 섬긴다는 말. [參] 열녀는 불경이부(烈女 二更二夫).

朝三暮四(ちょうさんぼし)

조삼모사

그럴 듯한 말로 남을 속임을 이름. 목전의 차이에만 구애되어 그 결과가 같음을 모르는 일.

중국 송나라에서 원숭이를 치는 사람이 원숭이들에게 도토리를 아침에 세 개, 저녁에 네 개 주랴 했더니, 원숭이들이 모두 성을 내므로, 아침에 네 개, 저녁에 세 개를 주랴 했더니 모두 좋아했다는 말이 전함.

長者に子無し
부자에게 아들 없다

가난한 집에는 으례 자식이 많으나, 부잣집에는 가독을 상속할 아들이 없다는 예가 적지 않다는 말.

長者の万灯より貧者の一灯
장자의 많은 등보다 빈자의 일등

부자가 하는 많은 기부보다, 정성 어린 가난한 사람의 약소한 기부가 더 소중하다는 말. 돈보다도 진실이 소중하다는 말.

長所は短所
장점은 단처

장점에만 의지하면 도리어 실패하기 쉬우니까 어느 모로 보면 장점은 동시에 단점이기도 하다는 훈계의 말.

提灯(ちょうちん)で餅(もち)搗(つ)く

제등으로 떡을 친다

일이 뜻대로 되지 않다. 되지 않을 소리를 한다는 말.

提灯(ちょうちん)に釣鐘(つりがね)

제등에 범종

모양은 비슷하여도 비할 바 못 됨. 사물의 어울리지 않음의 비유. 혼담에서 양쪽 신분이 어울리지 않을 때 잘 쓰이는 말.

提灯持(ちょうちんも)ち足(あし)もと暗(くら)し

초롱잡이 발 밑이 어둡다

가까이 있는 것이 오히려 알기 어렵거나 모른다는 비유. [參]등잔 밑이 어둡다.

頂門(ちょうもん)の一針(いっしん)

정수리에 일침

아주 절실하고 남의 아픈 데를 찌르는 따금한 충고를 한다는 뜻.

蝶よ花よ
나비야 꽃이야(하고 기른다)

자기 자식, 특히 딸을 금이야 옥이야 하고 기르는 비유. ㊐ 불면 날까, 쥐면 꺼질까.

朝令暮改
조령모개

아침에 명령을 내렸다가 저녁에 다시 고친다 함이니, 명령이 자주 바뀌어 정해지지 않음을 이름. ㊐ 고려공사삼일(高麗公事三日).

直木先ず伐らる
곧은 나무가 먼저 베인다

곧은 나무가 쓸모 없는 굽은 나무보다 쉬 베인다는 말이니, 사람도 재능 있는 사람은 도리어 화를 입게 되는 것을 이르는 말. ㊐ 곧은 나무 쉬 꺾인다.

塵も積もれば山となる
티끌도 쌓이면 산이 된다

아무리 작은 것이라도 모이면 큰 것이 될 수 있다는 말.

㊌ 티끌 모아 태산.

珍客も長座に過ぎれば厭われる

빈객도 오래 있으면 싫어진다

남의 집을 방문하여 오래 있는 것은 좋지 않다는 말. ㊌ 가는 손님은 뒤꼭지가 예쁘다.

沈魚落雁 閉月羞花

침어낙안 폐월수화

美人을 보고, 고기가 숨고 기러기가 떨어지고, 달을 가리며 부끄러워하는 꽃이라는 뜻으로, 미인을 형용하는 말.

沈丁花は枯れても香し

서향화(瑞香花)는 말라도 향기롭다

악조건 아래에 있어도 그 본질은 변하지 않는다는 비유. 沈丁花는 서향과(瑞香科)의 상록관목(常綠灌木). ㊌ 물어도 준치, 썩어도 생치.

沈黙は金

침묵은 금

너무 시시한 말을 하는 것보다 말없이 가만히 있는 것이 더 훌륭하다는 말. ㉚ 말 많은 집은 장 맛도 쓰다.

つ

朔日毎に餅は食えぬ
초하루마다 떡 먹을 수는 없다

세상에는 좋은 일이나 경사스러운 일이 날마다 있는 것이 아니라는 뜻. ㊅ 장마다 망둥이 날까.

杖の下に回る犬は打てない
지팡이 밑에 맴도는 개는 때릴 수가 없다

따르는 사람에게 욕을 하거나 박대할 수는 없다는 비유. ㊅ 웃는 낯에 침 뱉으랴.

使う者は使われる
부리는 사람은 부림을 당한다

남을 부리는 것은 몹시 어려운 일이라는 비유. ㊅ 김 매는 데 주인이 아흔 아홉 못 맨다.

使(つか)っている鍬(くわ)は光(ひか)る

쓰고 있는 괭이는 빛난다

사람도 쉬지 않고 부지런히 일할 때가 제일 활기 있고 아름답게 보이는 것이라는 뜻. [參] 돌쩌귀에 녹이 슬지 않는다.

月(つき)が暈(かさ)をかぶると雨(あめ)

달무리 지면 비가 온다

날씨에 관한 속설. [參] 달무리한 지 사흘이면 비가 온다.

月(つき)とすっぽん

달과 자라

달과 자라는 둥근 형상이 약간 비슷한 점이 있으나, 실은 차이가 심하여 비교할 것이 못됨의 이름. [參] 하늘과 땅.

月(つき)に叢雲(むらくも), 花(はな)に風(かぜ)

달에 떼구름 꽃에는 바람

좋은 일에는 방해가 있기 쉽다는 비유. [參] 호사다마(好事多魔).

月<ruby>満<rt>つき み</rt></ruby>つれば則ち<ruby>虧<rt>すなわ か</rt></ruby>く

달도 차면 곧 기운다

온갖 것이 한 번 성하고 차면 다시 기운다는 비유. 행운과 순경도 길이 계속되는 것이 아니라는 뜻. ❀ 그릇도 차면 넘친다.

月<ruby>夜<rt>つき よ</rt></ruby>に<ruby>釜<rt>かま</rt></ruby>をぬかれる

달밤에 밥솥을 도둑맞는다

지나치게 방심함의 비유. ❀ 눈뜨고 도둑맞는다.

月夜半分闇夜半分

달밤 반이고 깜깜한 밤 반이다

한 달 가운데에는 달 있는 밤이 반이고, 어두운 밤이 반이다. 곧, 좋은 일이나 나쁜 일만이 계속되지는 않는다는 말. ❀ 한 달이 크면, 한 달이 작다.

月夜に提灯

달밤의 등불

소용없는 일의 비유. ❀ 여름 지난 부채.

付焼刃(つけやきば)はなまり易(やす)い

붙인 칼날은 무더지기 쉽다

고식적인 것은 금방 그 본색이 드러난다는 말. 본디 좋지 못한 칼에 칼날만을 강철로 붙였던 일에서 나온 말. [參] 작심삼일(作心三日).

槌(つち)で大地(だいち)を叩(たた)く

망치로 땅을 친다

절대로 실수하는 일이 없다는 비유. [參] 땅 짚고 헤엄치기.

土佛(つちぼとけ)の水遊(みずあそ)び

흙으로 만든 부처의 물장난

위험한 지경에 놓여 있는 것을 모르고, 스스로 자멸(自滅)을 초래한다는 비유. [參] 섶을 지고 불로 들어 가려 한다.

槌(つち)より柄(え)が太(ふと)い

망치의 쇠보다 자루가 더 굵다

본체보다 부속된 것이 더 커서 균형이 맞지 않는다는

비유. ⓟ 바늘보다 실이 굵다. 배보다 배꼽이 크다.

角ある獣に上歯なし
뿔 있는 짐승은 윗니가 없다

모든 것을 하나가 일신에 갖출 수는 없다는 말. ⓟ 무는 호랑이는 뿔이 없다.

角は直って牛が死んだ
뿔은 바르게 되었지만 소가 죽었다

조그만 일을 하다가 큰일에 낭패본다는 뜻. ⓟ 쇠뿔 잡다가 소 죽인다.

角を矯めて牛を殺す
뿔을 고치려다 소를 죽인다

결점을 고치려고 하다가 그 수단이 지나쳐서 전체를 못 쓰게 만든다는 말. ⓟ 교각살우(矯角殺牛).

爪で拾って箕で零す
손톱으로 줍고 키로 엎지른다

수고하여 모은 것을 헤프게 써 버리는 것을 비유함. ⓟ

호박씨 까서 한 입에 넣는다.

爪(つめ)に火(ひ)をともす

손톱에 불을 켠다

초 대신 손톱에 불을 켤 정도로 매우 인색함을 비유. [參] 숯은 달아서 피우고 쌀은 세어서 짓는다.

爪(つめ)の垢(あか)を煎(せん)じて飲(の)む

손톱의 때를 달여 마신다

우수한 사람의 감화를 받아 닮도록 한다는 말.

爪(つめ)も立(た)たぬ

발톱도 못 선다

극히 협소한 땅의 비유. [參] 고양이 이마빼기만 하다.

面(つら)の皮(かわ)の千枚張(せんまいばり)

낯가죽을 천 장 쌓아올린 철면피

낯가죽이 몹시 두껍다는 비유. 창피하거나 무례한 줄을 모르는 뻔뻔스러움을 이르는 말. [參] 상판대기가 꽹과리 같다.

釣り合わぬは不縁の基
어울리지 않는 것은 불연의 원인

  양쪽 신분이 어울리지 않는 결혼은 이혼 등의 원인이 된다는 말. 參 사돈 집과 짐바리는 골라야 좋다.

釣り落した魚は大きい
놓친 고기가 더 크다

  손에 거의 넣게 되었다가 놓치게 된 것은 더욱 아까운 것으로, 얻은 것보다 훨씬 크고 좋게 여겨지는 것을 말함. 參 놓친 고기 크게 뵌다.

弦無き弓に羽抜け鳥
활시위 없는 활과 털 빠진 새

  어찌할 수 없고 쓸모가 없음의 비유. 參 털 뜯은 꿩.

鶴の一聲
학의 한마디 울음 소리

  그의 말 한마디로 많은 사람이 무조건 순종하는 권위 있는 말.

鶴は千年, 龜は万年

학은 천년 거북은 만년

장수를 축하하는 말.

弦を放れた矢

활시위를 떠난 화살

다시는 되돌아 올 수 없다는 비유. ㊜ 쏘아 놓은 화살. 엎지른 물.

聾の立ち聞き

귀머거리의 엿들음

귀머거리가 멈춰 서서 들어도 이치를 깨닫지 못한다는 데서, 말귀를 못 알아듣거나 헛된 일의 비유. ㊜ 귀머거리 들으나 마나.

て

手足が棒になる
손발이 막대기처럼 뻣뻣해진다

손발의 피로가 심하다는 비유. 수족이 녹초가 된다는 말.

亭主三杯客一杯
주인 석 잔 손님 한 잔

주인이 손님을 대접할 때 손님보다 술을 많이 마시는 것을 말함. 손님을 핑계로 술을 좋아하는 사람.

亭主と箸は強いがよい
남편과 젓가락은 튼튼한 것이 좋다

남편의 약한 것은 참을 수 없다는 말. 日本의 젓가락은 나무나 대로 만든 것이 많으니, 여기서 나온 말.

亭主の好きな赤烏帽子
남편이 좋아하는 붉은 烏帽子

남편이 좋아하는 것은 남이 웃을 일이라도 집안 식구는 따라 해야 한다는 말. 烏帽子는 옛날 귀족, 무사가 쓴 갓의 한 가지.

貞女兩夫に見えず
정숙한 여자는 두 남편을 섬기지 않는다

정숙한 여자는 남편이 돌아가면 아내로서의 절조를 지키고 재혼하지 않는다는 말. 參 열녀는 불경이부(不更二夫).

泥中の蓮
진흙 속에 핀 연꽃

더러운 환경 속에서도 악에 물들지 않고 순결을 잃지 않음의 비유.

手が明けば口が明く
손이 놀고 있으면 입이 비어 있게 된다

일을 안하고 한가로우면 먹을 것이 없게 된다는 비유.

㊂ 일이 되면 입도 되다.

梃子でも動かぬ
지레를 써도 움직이지 않는다

별별 수단을 다 써도 움직이지 않는다는 비유. 꼼짝도 안한다. 요지부동(搖之不動)이다. 까딱없다는 말.

手塩に掛ける
손수 돌보아서 기른다

사랑하고 아끼며 양육하는 것을 이르는 말.

弟子は師匠の半分
제자는 스승의 반분

제자가 아무리 우수하다 해도 그 학력·기능이 스승을 능가하는 것은 대단히 어렵다는 말. ㊂ 아비만한 자식이 없다.

手品するにも種が要る
요술부릴 적에도 수가 필요하다

무엇을 하려면 궁리와 노력이 필요하다는 비유. ㊂ 도

깨비도 수풀이 있어야 모인다.

鐵は熱いうちに打て
쇠는 뜨거울 때 쳐라

무슨 일이든 열이 식기 전에 해치워야 한다는 뜻. ❀ 쇠뿔은 단김에 빼라.

鉄砲玉の使い
총알의 심부름

총알처럼 가기만 하고 돌아오지 않는다는 말. 심부름 보낸 사람이 돌아오지 않음을 이르는 말. ❀ 함흥차사(咸興差使). 지리산 포수(砲手).

手の裏を反すよう
손바닥을 뒤집듯

태도를 표변하는 모양의 비유. 손쉽게 변함을 이르는 말.

手の舞い足の踏を所を知らず
손이 어떻게 춤추고 있는지 발이 어디를 디디고 있는지 모른다

매우 기뻐서 어쩔 줄 모른다는 비유.

出船(でぶね)に船頭(せんどう)待(ま)たず

배가 떠날 때에는 사공을 기다리지 않는다

일단 시작하면 잠시 동안이라도 기다릴 것은 없다는 말. 바람이 오기를 기다리고 있는 배는 순풍이 불어오면 사공이 배에 없어도 기다릴 수는 없다는 것을 말함.

手(て)も足(あし)もつけられない

손도 발도 댈 수 없다

너무나 일이 복잡하게 얽혀서 어디서부터 손을 대야 좋을지 모른다는 말.

手(て)も足(あし)もない

손도 발도 없다

전연 돈이 없는 빈털터리를 이르는 말. 'おあし'에는 돈이란 의미가 있다. [参] 피천 한 푼 없다.

出物(でもの)腫物(はれもの)所(ところ)嫌(きら)わず

방귀나 부스럼은 장소를 가리지 않는다

방귀나 종기는 일정한 장소 없이 어디든지 또는 어디서나 나온다는 말. 무심코 방귀를 뀐 때에 변명하는 말.

寺(てら)から出(で)れば坊主(ぼうず)

절에서 나오면 중

대충 그렇게 여겨져도 할 수 없는 일이라는 비유. [參] 중 도망은 절에나 가 찾지.

寺(てら)に勝(か)った太鼓(たいこ)

절에 어울리지 않는 북

가난한 집에 우연히 어울리지 않는 좋은 물건이 있다는 비유. [參] 서 푼짜리 집에 천 냥짜리 문호.

寺(てら)の隣(となり)に鬼(おに)が棲(す)む

절 곁에 귀신이 산다

동정심이 두터운 사람 이웃에 냉혹한 사람도 있다. 선인 옆에 악인도 있다. 사람은 가지각색이라는 말. [參] 섬 진 놈. 멱 진 놈.

出(で)る杭(くい)は打(う)たれる

튀어나온 말뚝은 얻어맞는다

뛰어나고 우수한 사람은 하여튼 남에게 미움을 받기 쉽다는 말. [參] 모난 돌이 정 맞는다.

手(て)を擴(ひろ)げて待(ま)っている

손을 벌리고 기다린다

남을 기다리는 자세를 취한다는 말. [參] 솥 씻어 놓고 기다리기.

天下(てんか)は回(まわ)り持(も)ち

천하는 차례로 담당함

천하는 돌려 가면서 가지는 것. 천하의 주인된 자는 반드시 한 사람, 한 집안으로 한정되어 있지 않다는 말. 빈부귀천(貧富貴賤)의 운명은 항상 순환한다는 말.

天(てん)から降(ふ)った災難(さいなん)

하늘에서 떨어진 재난

뜻밖에 사나운 운수가 닥쳤다는 말. [參] 삼경에 만난 액이라.

天高(てんたか)く馬肥(うまこ)ゆ

하늘은 높고 말은 살찐다

하늘은 높푸르고, 말이 살찌는 계절, 즉 가을을 이르는 말. 參 천고마비(天高馬肥).

貂なき森の鼬
담비 없는 숲 속의 족제비

뛰어난 자가 없는 곳에서는 변변치 못한 자가 난 체한다는 비유. 參 무호동중(無虎洞中)에 이작호(狸作虎).

天に唾す
하늘에 침 뱉기

남을 해하려고 한 일이 도리어 자기를 해치는 결과가 된다는 말. 하늘에 돌 던지는 격. 參 하늘 보고 침 뱉기.

天に二日なし
하늘에 두 해가 없다

한 나라에는 두 사람의 임금이 있을 수 없다는 말.

天は自ら助くる者を助く
하늘은 스스로 돕는 자를 돕는다

남에게 의존하지 않고, 스스로 노력하는 사람을 하늘은

도와서 행복을 갖다 준다는 말. [參]마음 한 번 잘 먹으면 북두칠성이 굽어보신다. 마음을 잘 가지면 죽어도 옳은 귀신이 된다.

と

問い聲よければ應え聲よい
묻는 말이 고우면 말대꾸도 좋다

이쪽이 취하는 태도 여하에 따라서 상대편의 태도도 변하는 것이라는 비유. ㊯ 부름이 크면 대답도 크다.

東西南北の人
동서남북의 사람

일정한 주소가 없이 각지를 유랑하는 사람을 말함. ㊯ 금일 충청도, 명일 경상도.

同舟相救う
같은 배를 타면 서로 돕는다

평소에는 사이가 나쁜 사람들이라도 위급한 경우에는 서로 돕게 된다는 말. ㊯ 동주상구(同舟相救).

灯心(とうしん)で鐘(かね)を撞(つ)く

심지로 종을 친다

하려고 해도 도저히 불가능한 비유. [參] 달걀로 성(城) 치기.

燈台下暗(とうだいもとくら)し

등대 밑이 어둡다

먼 데 있는 것은 잘 알 수 있으나, 제게 가까운 일은 오히려 모른다는 뜻. [參] 법 밑에 법 모른다. 등잔 밑이 어둡다.

同病相憐(どうびょうあいあわれ)む

동병상련

같은 처지에 있는 사람은 곤란이 있을 때 서로 동정함을 이르는 말. [參] 과부 사정은 과부가 안다.

豆腐(とうふ)で歯(は)をいためる

두부로 이를 다친다

방심하다가 뜻밖에 큰 실책을 한다는 비유. [參] 두부 먹다 이 빠진다.

豆腐に鎹

두부에 꺾쇠박기

두부에 꺾쇠를 박는다는 뜻이니, 톡톡히 타일렀으나 아무 반응이 없고, 조금도 효과가 없음을 이르는 말. 參 겨 주고 겨 바꾼다.

胴より膽が太い

동체보다 담이 크다

몸은 작으나 배짱이 큰 사람을 이르는 말. 參 키는 작아도 담은 크다.

道理に向かう刃なし

도리에 당해낼 칼날은 없다

아무리 무법한 사람이라도 도리에는 이길 수 없다는 말.

遠きは花の香近きは糞の香

먼 데 것은 꽃 향기 가까운 것은 똥 구린내

잘 모르는 멀리 있는 것을 다 좋은 줄 안다는 뜻. 參 가까운 무당보다 먼 데 무당이 영하다.

遠くの親類より近くの他人

먼 친척보다 가까운 남

멀리 떨어져 있는 일가보다 남이라도 가까이 지내는 사람이 더 낫다는 말. 參 먼 일가와 가까운 이웃.

遠くの坊さんありがたい

먼 스님 영하다

먼 데 있는 것은 무턱대고 잘 보이게 된다는 뜻. 參 이웃집 무당 영하지 않다.

時の花を挿頭にせよ

제철에 피는 꽃을 머리에 꽂아라

그때 그때의 유행이나 권세를 따르는 것이 순리이고, 거역하는 것은 손해라는 뜻. 參 성인도 시속을 따른다.

毒食わば皿まで

독약을 먹게 되면 접시까지

죄악을 저지르는 이상에는 어디까지나 철저하게 해낸다는 뜻.

毒にも薬にもならぬ

해(害)도 이(利)도 되지 않는다

이롭지도 않고, 해롭지도 않다는 말. 아무 쓸모도 없다는 말. 흔히 무해무득한 사람을 이르는 말.

毒を以て毒を制す

독은 독으로써 누르다

악인을 누르는 데는 악인을 쓴다는 말. [參] 열을 열로써 고치다(以熱治熱). 이이제이(以夷制夷).

所変われば水変わる

고장이 바뀌면 물도 달라진다

고장이 다르면 언어·풍속 따위도 달라진다는 비유.

年こそ薬なれ

나이야말로 약이다

인간은 나이가 들수록 침착해서 쓸모가 있게 된다는 말. [參] 세월이 약.

年とれば金より子
나이를 먹으면 돈보다 자식

나이가 많아지고 노년기에 들어서면 돈보다 자식을 의지하게 된다는 말.

年には勝てぬ
나이에는 이길 수 없다

나이를 먹으면 아무리 기력은 있어도 체력이 쇠해지는 것이라는 말.

年は寄れども心は寄らぬ
나이는 먹었으나 마음은 여전하다.

늙어서 몸은 약해졌으나 마음만은 쇠해지지 않았다는 말. 參 신로심불로(身老心不老).

屠所の羊
도살장의 양

도살장에 끌려 가는 양, 곧 죽음이 눈앞에 닥쳐오는 것을 가리키는 말. 參 관에 들어가는 소의 걸음.

年寄りと古籠は使い得
늙은이와 헌 바구니는 쓸수록 이롭다

늙은이의 노동력은 기대하지 않으니, 쓰면 쓸수록 이롭다는 말.

年寄りの命と春の雪
늙은이의 목숨과 봄눈

멀지 않아 사라지는 덧없는 앞날의 비유. 參 가을 더위와 노인의 건강.

年寄れば愚に復る
늙으면 어리석어진다

나이를 먹으면 아이와 같은 어리석은 언행이 있다는 말. 參 여든 살이라도 마음은 어린애라.

年寄れば欲深し
늙으면 욕심이 많다

늙은이가 되면 뻔뻔스럽고 욕심장이가 된다는 말. 參 늙은 소 콩밭으로 간다. 늙은 말 콩 더 달란다.

魚の眞似する目高
물고기의 흉내내는 송사리

제 분수를 돌아보지 않고 남의 행동을 모방하는 짓을 말한다. 參 잉어, 숭어가 오니 물고기라고 송사리도 온다.

隣で倉が建てば此方で腹が立つ
이웃에 곳간이 지어지면 이쪽에서 화가 난다

남의 부귀를 질투하는 사람의 마음은 특히 이웃 사람에게 대해서는 더 심하다는 비유. 參 사촌이 땅을 사면 배가 아프다.

隣の寶を數える
이웃집의 보물을 셈한다

쓸데없는 짓을 함의 비유.

隣の花は赤い
이웃집의 꽃은 붉다

남이 가진 것은 더 좋아 보여서 그것마저 가지고 싶은 욕심이 생긴다는 말. 參 남의 떡이 커 보인다. 남의 밥에 든 콩이 굵어 보인다.

隣の飯はうまい

이웃집의 밥은 맛이 있다

남의 물건은 내 것보다 좋아 보인다는 비유. 參 남의 고기 한 점이 내 고기 열 점보다 낫다.

鳶が鷹を生む

소리개가 매를 낳다

평범한 부모한테서 뛰어난 자식이 생긴다는 말. 參 뱁새가 수리를 낳는다.

鳶に油揚げをさらわれる

솔개에게 유부를 빼앗긴다

별안간 물건을 빼앗기고, 뜻밖의 손실로 실망하고 어리둥절해 함의 비유. 參 소리개 까치 집 빼앗다.

飛ぶ鳥の獻立

나는 새의 식단

너무 빨리 서두르는 비유. 參 김치국부터 마신다. 씨 보고 춤춘다.

飛(と)ぶ鳥(とり)も落(お)つ

나는 새도 떨어뜨린다

위세나 권세가 한창 왕성하여 무엇이든지 뜻대로 할 수 있다는 말. [參] 나는 새도 떨어뜨린다.

捕(と)らぬ狸(たぬき)の皮算用(かわざんよう)

잡지도 않은 너구리 피물 돈 계산

잡지도 않은 너구리 가죽을 팔면 얼마나 수입이 되리라는 계산만 하는 헛된 계획을 조롱하는 말. [參] 너구리 굴 보고 피물 돈 내어 쓴다.

虎(とら)の尾(お)を踏(ふ)む

호랑이 꼬리를 밟는다

극히 위험한 짓을 함의 비유. [參] 벌집을 건드렸다.

虎(とら)は子(こ)を思(おも)うて千里(せんり)を歸(かえ)る

범은 새끼를 생각하고 천리 길을 돌아온다

범도 제 새끼를 귀여워한다는 말. [參] 범도 새끼 둔 골을 두남 둔다.

鳥(とり)疲(つか)れて枝(えだ)を選(えら)ばず

새 지쳐서 가지를 가리지 않는다

살림이 몹시 곤란을 겪게 되면, 직업의 좋고 나쁨을 가리지 않고 일하게 된다는 말. [參] 없는 놈이 찬 밥, 더운 밥을 가리랴.

鳥(とり)なき里(さと)の蝙蝠(こうもり)

새 없는 동리의 박쥐

뛰어난 사람이 없는 곳에서는 변변치 못한 자가 난 체 한다는 비유. [參] 범 없는 골에는 토끼가 스승이라.

泥棒(どろぼう)が縄(なわ)を恨(うら)む

도둑이 오라를 원망한다

자기 나쁜 짓은 젖혀놓고 도리어 남을 원망한다는 말. [參] 소경이 개천을 나무란다.

泥棒(どろぼう)を見(み)て縄(なわ)をなう

도둑을 보고 새끼를 꼰다

평소에 준비하지 않고 있다가, 다급하게 된 마당에야 서두른다는 비유. [參] 도둑맞고 사립 고친다.

泥を打てば面へはねる

진흙을 치면 얼굴에 튄다

남을 해치면 그 보복이 자기 몸에 돌아온다는 비유. 鐵 치러 갔다가 맞기는 예사.

団栗の背競べ

도토리 키 대보기

비슷비슷한 평범한 실력으로 남보다 뛰어났다고 생각함을 비웃는 말. 鐵 네 콩이 크니, 내 콩이 크니 한다. 참깨가 기니, 짧으니 한다.

飛んで火に入る夏の虫

날아서 불에 뛰어드는 여름의 벌레

스스로 재앙에 뛰어들어 일신을 망친다는 말. 鐵 화약을 지고 불로 들어간다. 부신입화(負薪入火).

[な]

無(な)い袖(そで)は振(ふ)れない

없는 소매는 흔들 수 없다

없으니 어쩔 도리가 없다는 비유. 빚장이에게 대하는 변명의 말로 씀. [參] 없는 꼬리를 흔들까.

無(な)い時(とき)の辛抱(しんぼう), ある時(とき)の倹約(けんやく)

없을 때의 참음, 있을 때의 검약

없을 때에는 부자유를 참고, 있을 때에는 있는 대로 쓰지 않고 절약하도록 유의하여야 한다는 말. [參] 있을 때 아껴야지, 없으면 아낄 것도 없다.

無(な)いもの食(く)おうが人(ひと)の癖(くせ)

없는 것을 먹으려는 것이 사람의 버릇

없는 것이나 적은 것을 먹으려고 하는 것이 인정이라는 말. [參] 절에 가 젓국을 찾는다.

長居(ながい)すると火水(ひみず)に會(あ)う
밑질기면 불·물을 만난다

남의 집에 오래 있으면 좋지 않은 일이 생긴다는 말. 參 오래 앉으면 새도 살을 맞는다.

長芋(ながいも)で足(あし)を突(つ)く
참마로 발 찌른다

방심하다가 뜻밖에 실패한다는 비유. 參 두부 먹다 이 빠진다.

長(なが)い物(もの)には巻(ま)かれろ
긴 것에는 말리어라

세력이나 권력이 있는 자에겐 반항하여도 이길 수 없으니까 굴복하는 것이 이롭다는 말.

泣(な)かぬ子(こ)を泣(な)かす
울지 않는 아이를 울린다

쓸데없는 간섭을 하여 사건을 일으킨다는 비유. 參 울려는 아이 뺨 치기.

流(なが)れ川(かわ)を棒(ぼう)で打(う)つ

호르는 강물을 몽둥이로 친다

아무리 하여도 한 흔적도 없으며 효과가 없을 때 이름. [參]모래 위에 물 쏟은 격.

流(なが)れる水(みず)は腐(くさ)らず

흐르는 물은 썩지 않는다

항상 활동하고 있으면 정체의 염려가 없다는 비유. [參]구르는 돌은 이끼가 안 낀다.

泣(な)き面(つら)に蜂(はち)

우는 얼굴에 벌 침

우는 얼굴에 벌이 쏘아 더욱 울게 된다는 말로, 고통에 고통이 겹친다는 뜻. [參]엎친 데 덮치기.

泣(な)く子(こ)に唐辛子(とうがらし)

우는 아이에게 고추

효과가 당장 나타나는 것을 말한 비유. [參]우는 아이 똥 먹이기.

泣く子は育つ
우는 아이는 자란다

잘 우는 아이는 몸도 건강하여 잘 자란다는 말. 아이가 우는 것은 예사롭다는 말.

泣く程留めて帰れば喜ぶ
울며 만류하다가 돌아가면 기뻐한다

겉으로 만류하면서 속으로는 가기를 원하는 것을 이르는 말. 參 봇짐 내어 주면서 하룻밤 더 묵으라 한다.

仲人は金の草鞋が三足いる
중매는 쇠짚신 세 켤레 있어야 된다

중매는 양가간을 수없이 왔다갔다 하여 신이 많이 닳아 없어질 만큼 애쓴다는 말.

情けは人の為ならず
인정은 남을 위한 것만이 아니다

남에게 인정을 베푸는 것은 그것이 돌고 돌아 언젠가는 자기 자신에게 유익하게 된다는 말. 參 인정도 품앗이라.

梨のつぶて

팔매로 던진 배

소식이나 대답이 전혀 없다는 비유. 배(梨)를 無し(없음)에 빗댐. ㉾ 지리산 포수.

夏歌う者は冬泣く

여름에 노래부르는 사람은 겨울에 운다

일할 수 있을 때 놀고 있으면, 뒤에는 곤란을 당하게 된다는 말. ㉾ 여름에 하루 놀면, 겨울에 열흘 굶는다.

夏の小袖

여름의 솜옷

솜옷은 겨울에 입는 옷. 때가 지나 소용 없는 것이라는 비유. ㉾ 하로동선(夏爐冬扇).

夏の火は嫁に焚かせ

여름철의 불은 며느리에게 때게 하라

싫은 것은 다 며느리에게 시키고, 좋은 것은 다 딸에게 시키는 것을 말함. ㉾ 가을 볕은 딸에게 쬐고, 봄 볕은 며느리에게 쬔다.

夏の虫雪を知らず

여름의 벌레 눈을 모른다

견문이 좁은 사람을 비웃는 말. 🅢 우물 안 개구리. 바늘 구멍으로 하늘 보기.

夏は鰹に冬鮪

여름은 가다랭이 겨울은 다랑어

가다랭이는 여름, 다랑어는 겨울이 되면 맛이 있다는 말. 🅢 봄 조개, 가을 낙지.

七転び八起き

일곱 번 넘어져서 여덟 번 일어난다

몇 번 실패해도 굴복하지 않고 일어서서 끝까지 분투한다는 말. 🅢 칠전팔기(七顚八起).

難波の葦は伊勢の浜荻

나니와(難波 ; 땅이름)의 아시는 이세(伊勢 ; 땅이름)에서 하마오기

물건의 이름은 가는 곳마다 다르다는 말. 葦・浜荻은 갈대의 명칭. 🅢 귀에 걸면 귀걸이, 코에 걸면 코걸이.

名の無い星は宵から出る

이름 없는 별은 초저녁부터 나타난다

보잘것없는 것이 먼저 나타나고 앞선다는 말. 처음부터 나오는 것에는 좋은 물건이 없다는 말. 기다리지도 않는 것이 나타나는 것.

名は體を現わす

이름은 본체를 나타낸다

이름은 그 본성과 어색하거나 어긋나지 않게 맞춰야 한다는 말. 명실상부(名實相付)하다는 말. ❀ 꼴 보고 이름 짓는다.

なまくらの大荷物

게으름뱅이 큰 짐 진다

게으름뱅이가 힘에 겨운 일을 계획하는 것을 말함. ❀ 게으른 놈 짐 많이 진다.

生兵法は知らぬに劣る

어설픈 병법은 모르는 것만 못하다

어중간한 지식을 가지고 있는 사람은 그것으로 도리어 실패하는 경우가 있다는 말. [參] 선무당이 사람 죽인다.

生物識川(なまものしりかわ)へはまる

어설픈 지식인은 강에 빠진다

짧은 실력으로 손을 대면 크게 실패한다는 비유. [參] 반식자우환(半識者憂患). 반풍수 집안 망친다.

なめくじにも角(つの)がある

괄태충에도 뿔이 있다

아무리 작고 미약한 것이라도 그나름대로의 위엄을 과시하는 것을 가지고 있다는 비유. [參] 지렁이도 밟으면 꿈틀 한다. 미꾸라지 속에도 부레풀은 있다.

なる木(き)は花(はな)から違(ちが)う

열리는 나무는 꽃부터 다르다

훌륭한 사람은 소년 시대부터 보통 사람과는 다른 점이 있다는 말. [參] 될 성부른 나무는 떡잎부터 알아본다.

何(なん)の風(かぜ)が吹(ふ)いて御出(おい)でなされた

무슨 바람이 불어서 찾아왔나

뜻밖에 나타난 것을 놀라서 하는 말. ㉢ 바람결에 불려 왔나, 떼 구름에 싸여 왔나.

に

似合(にあ)う夫婦(ふうふ)の鍋(なべ)の蓋(ふた)

어울리는 부부의 남비 뚜껑

성질이나 취미가 비슷한 사람끼리 부부가 된다는 말. ㊜짚신도 제 날이 좋다.

似合(にあ)わぬ僧(そう)の腕立(うでた)て

어울리지 않는 중의 싸움질

보기만 해도 어울리지 않고 우스꽝스러운 일의 비유. ㊜중놈 장에 가서 성내기.

煮(に)え湯(ゆ)を飲(の)まされる

끓는 물을 마시게 한다

믿는 사람에게 배반당하여 호되게 당한다는 비유. ㊜믿는 도끼에 발등 찍힌다.

鳩の浮巣

농병아리의 부소(浮巣)

물 위에 뜨게 만든 둥지는 언제든지 물결에 흔들리어 불안정함을 이르는 말. ⑳ 풀 끝에 앉은 새.

二階から目薬

이층에서 안약 넣기

이층에서 아래층에 누워 있는 사람의 눈에다 안약을 넣어 주는 것처럼, 마음대로 되지 않는 것. 또 효과가 적음의 비유. ⑳ 격화소양(隔靴搔痒).

苦いも甘いも知りぬく

쓴것 단것 속속들이 잘 안다

세상 물정에 밝은 노련한 사람을 이르는 말. ⑳ 단맛 쓴맛 다 보았다.

逃がしたものに小さいものなし

놓친 것 중에 작은 것 없다

놓친 것은 무엇이든지 좋게만 보인다는 말. ⑳ 놓친 고기 크게 보인다.

二月(にがつ)は逃(に)げて走(はし)る
이월은 도망치듯 달려간다

이월은 일수도 적으니 매우 빨리 지나가는 느낌이 있는 것을 이르는 말. 參 건들 팔월. 미끈 유월. 모둔 오월.

握(にぎ)れば拳(こぶしひら) 開(ひら)けば掌(てのひら)
쥐면 주먹 펴면 손바닥

마음가짐에 따라 같은 물건이 그 성격을 달리하게 된다는 말. 같은 손이라도 움켜쥐면 사람 치는 주먹이 되고, 펴면 사람을 쓰다듬는 부드러운 손바닥이 된다는 뜻.

憎(にく)い鷹(たか)には餌(え)を飼(か)え
미운 매에게는 모이를 주어라

대항할 사람에게는 이익을 주고 길들이는 것이 상책이라는 뜻. 參 미운 아이 먼저 품어라. 미운 놈 떡 하나 더 준다.

憎(にく)まれ子(こ)世(よ)にはばかる
미움받는 사람이 세상에서 활개친다

남의 증오를 받는 그런 사람이 오히려 세상에서 성공해

서 세력을 떨치거나 거만한 체한다는 말. ㊅못 먹는 버섯은 삼월부터 난다.

逃（に）ぐるに手（て）なし
도망치는 데는 도리가 없다

급할 때는 도망치는 것이 제일이다. ㊅삼십육계에 줄행랑이 으뜸. 달아나면 이밥 준다.

逃（に）ぐる者（ものみち）道を擇（えら）ばず
도망치는 자 길을 가리지 않는다

궁하게 되면 수단을 가리지 않는다는 것을 비유해서 하는 말.

西風（にしかぜ）と夫婦喧嘩（ふうふげんか）は夕（ゆう）限（かぎ）り
서풍과 부부 싸움은 저녁까지

부부의 싸움은 저녁이 되면 저절로 화해되는 것이라는 비유. ㊅내외간 싸움은 칼로 물 베기.

錦（にしき）で木端（こっぱ）を包（つつ）む
비단으로 지저깨비를 싼다

266 …にしと

겉보기보다 속이 보잘것없다는 비유. ㊐ 청보에 개똥.

西(にし)と言(い)うたら東(ひがし)と悟(さと)れ
서라고 하면 동이라고 깨달아라

사람의 말에는 겉과 속이 있으니 곧이 듣지 말고, 본심을 알아차릴 필요가 있다는 말.

西(にし)も東(ひがし)も分(わ)からぬ
동서도 분간 못한다

아무것도 모른다는 뜻. ㊐ 숙맥불변(菽麥不辯).

似(に)たもの夫婦(ふうふ)
서로 닮은 것은 부부

부부는 서로 성질·취미 따위가 닮게 된다는 말. ㊐ 깨어진 남비와 꿰맨 뚜껑.

煮(に)ても焼(や)いても食(く)えぬ
삶아도 구워도 못 먹는다

이럴 수도 저럴 수도 없고, 제 힘으로는 어찌할 수 없다는 비유.

二度あることは三度ある

두 번 있는 것은 세 번 있다

두 번 같은 일이 일어나면 다시 한 번 되풀이된다는 말. 실패를 거듭하지 말라고 주의하는 말.

二度まではだます人が悪い

두 번까지는 속이는 사람이 나쁘다

자주 속임을 받으면, 그것은 속이는 사람에게만 죄가 있는 것이 아니라는 말. [參] 한 번 속지 두 번 안 속는다.

二兎を追う者は一兎をも得ず

두 마리의 토끼를 좇는 자는 한 마리도 못 잡는다

한꺼번에 욕심을 내어 두 가지의 다른 일을 하려고 하는 사람은 어느 한쪽의 일도 제대로 할 수 없다는 말. [參] 멧돌 잡으려다 집돝 잃는다.

女房十八われ二十

아내 십팔 세 나 스무 살

언제까지라도 아내는 십팔 세의 순진한 새색시의 모습,

나는 스무 살의 젊음을 유지할 수 있다면 가정 생활도 즐거운 것이리라는 서민의 원망을 말한 것. 덧없는 애처로운 희망이라 할 수 있다. 參 옷은 시집 올 때처럼, 음식은 한가위처럼.

女房と米の飯には飽かぬ

아내와 쌀밥에는 싫증나지 않는다

아내는 쌀밥과 같은 것인데, 특히 좋다고는 여겨지지 않으나 또 싫증이 나지도 않는다는 말.

女房と畳は新しい方がよい

마누라와 다다미(일본식 자리)는 새로울수록 좋다

신혼 초기의 마누라가 보다 사랑스럽듯이, 다다미도 새로운 것이 기분 좋다는 말.

女房の悪いは六十年の不作

아내 나쁜 것은 육십 년의 흉작

아내를 잘못 맞으면 일생의 불운이라는 말. 參 아내 나쁜 것은 백 년 원수, 된장 신 것은 일 년 원수.

女房は家の大黒柱
아내는 집의 상기둥

아내는 한 집안의 중심 인물이라는 말. 집의 번영과 행복은 다 아내 나름이라는 말.

女房は貸すとも擂木は貸すな
마누라는 빌려줄지언정 나무공이는 빌려주지 말라

가령 숫돌과 같이 쓰면 줄어지는 것은 빌려주지 말라는 뜻.

女房百日馬二十日
아내 백 일 말 스무 날

신기한 동안은 귀중히 여기고 있으나, 오래는 계속되지 않는다는 말.

俄長者は俄乞食
벼락 부자는 벼락 거지

갑작스럽게 큰돈을 벌고 벼락 부자가 된 사람은, 또 큰 손해를 보고 다시 이전의 가난한 살림이 된다는 말.

鶏は跣足

닭은 맨발

누구나 다 충분히 알고 있는 것의 비유. 빤한 일을 여러 가지로 말해도 같은 것이라는 말.

鶏を割くに焉ぞ牛刀を用い

닭 잡는 데 어찌 소 잡는 칼을 사용하리

작은 일을 처리하는 데 큰 방법이나 대인물을 동원할 필요는 없다. 적용하는 방법이 잘못되어 있음을 비유하는 말. ⓟ 우도할계(牛刀割鷄).

人間到る處に青山あり

사람이 이르는 곳에 푸른 산이 있다

사람은 어디에 가서 죽어도 뼈를 묻을 장소가 있다. 그러니 큰 희망을 달성하기 위해 향리를 떠나서 크게 활약해야 한다는 말. ⓟ 인간도처 유청산(人間到處有青山).

人間一生二万日

인간 일생 이만 일

인간의 수명은 겨우 오십 년이라 하니, 이것을 일수로

말하면 이만 일밖에 안 된다는 말. 參 백 년을 다 살아도 삼만 육천 일.

人間は病の器
인간은 병의 그릇

인간의 몸은 병의 용기와 같은 것. 인간은 병에 걸리기 쉽다는 말.

人間万事金の世の中
인간 만사 돈의 세상

이 세상의 모든 것은 돈의 힘으로 해결할 수 있다는 말. 參 돈만 있으면 처녀 불알도 산다.

人蔘で行水
인삼 삶은 물로 미역감기

인삼을 물을 뒤집어쓰듯 많이 마신다는 말로, 온갖 약을 다 써서 치료한다는 말.

人蔘飲んで首くくる
인삼 마시고 목 매달아 죽는다

비싼 고려 인삼을 사 마시고 약값에 쪼들려 목을 매어 죽는다는 말로, 앞뒤를 생각하지 않고 일을 저지르면 좋은 일도 나쁜 결과를 가져온다는 비유.

人相見(にんそうみ)の我(わ)が身(み)知(し)らず

관상장이 제 신상을 모른다

사람은 흔히 제가 자기 일을 잘 못한다는 뜻. [參] 무당이 제 굿 못하고 소경이 저 죽을 날 모른다.

糠に釘

겨에다 못 박기

겨에다 못을 박듯이, 아무런 반응도 효과도 없다는 비유. 參 호박에 침 주기. 두부에 말뚝 박기.

糠の中にも粉米

쌀겨 속에도 싸라기

하찮은 것 속에도 때로는 좋은 것이 섞여 있다는 말. 參 깻묵에도 씨가 있다.

糠袋と小娘は油斷がならぬ

겨 주머니와 소녀는 방심치 못한다

목욕할 때 몸을 닦기 위한 겨를 담은 주머니와 소녀는 터지기 쉬우니 주의하여야 한다는 말. 參 유리와 처녀는 깨어지기 쉽다.

糠味噌(ぬかみそ)が腐(くさ)る

겨된장이 썩겠다

목소리가 탁하거나 가락이 맞지 않는 노래를 헐뜯어 이르는 말. 겨된장은 채소를 담그는 겨에 소금을 섞어 물로 반죽하여 발효시킨 것.

糠(ぬか)を舐(ねぶ)りて米(こめ)に及(およ)ぶ

겨를 핥다가 마침내 쌀에 미친다

차차 피해가 미쳐 오는 것을 말함. [參] 개가 겨를 먹다가 말경 쌀을 먹는다. 바늘 도둑이 소 도둑 된다.

抜(ぬ)け駈(が)けの功名(こうみょう)

남 몰래 앞질러 세운 공

남을 따돌리고 자기 혼자만 공적이나 이익을 얻는 것을 이르는 말.

盗人猛猛(ぬすびとたけだけ)し

도둑놈이 큰소리친다

악한 일을 하면서 뻔뻔스러운 말을 하고, 태연한 태도를 취하는 것을 이르는 말. [參] 도둑이 매를 든다. 적반하

장(賊反荷杖). 도둑이 도둑이야 한다.

盗人に追錢
도둑에게 돈까지 준다

물건을 도둑맞은 위에 또 돈까지 주는 격으로, 손해를 본 위에 또 손해를 보는 것. 參 고양이 보고 반찬 가게 지켜 달란다.

盗人に鍵を預ける
도둑놈에게 열쇠를 맡긴다

나쁜 짓을 도와준 결과가 되었다는 말. 參 도둑놈 열쇠 맡긴 셈.

盗人にも三分の理
도둑에게도 할 말은 있다

나쁜 짓을 한 사람에게도 약간의 이유는 있다는 비유. 무슨 짓을 하든지 핑계를 대려면 댈 수 있다는 말. 參 처녀가 아이를 배도 할 말이 있다.

盗人にも慈悲
도둑에게도 자비심

276 … ぬすびと

누구라도 그 본성에는 자비심이 있다는 말. 參 도둑놈도 인정이 있다.

盗人の上米を取る
도둑놈의 장물에서 일부를 떼먹는다

성질이 나쁘고 악에 관해서는 재주가 한결 앞서는 것을 말함. 參 화적 봇짐 털어 먹는다.

盗人の暇はあれど守り手の暇はない
도둑은 틈이 있어도 지키는 사람에게는 틈이 없다

여러 사람으로도 도둑을 막지는 힘들다는 뜻. 參 열 사람이 지켜도 도둑 하나를 못 막는다.

盗人の昼寝
도둑놈의 낮잠.

도둑놈이 낮잠을 자는 것은 밤에 일을 하기 위해 몸을 쉬고 있는 것이다.

盗人を捕らえて見れば我が子なり
도둑놈을 잡아놓고 보니 내 자식

일이 뜻밖이어서 어떻게 처리할지를 모르는 것을 말함. 친한 사람이라도 믿을 수 없다는 말.

濡れ衣を着せられる
무고한 죄를 들쓰게 된다

남의 죄를 뒤집어쓴다는 말. 억울한 누명을 쓴다. ㉚ 남이 눈 똥에 주저앉는다.

濡れ手で粟
젖은 손에 좁쌀

물에 젖은 손으로 좁쌀을 만지면 많이 묻어나는 데서, 힘들이지 않고 많은 이익을 얻음의 비유. 불로소득(不勞所得)을 말함. ㉚ 마당 삼을 캐었다.

ね

願 (ねが) ったり叶 (かな) ったり
바라던 대로 잘 되었다

바라던 대로 일이나 희망이 이루어짐을 이르는 말. 안성마춤으로 잘 된 일. 參 안성마춤, 안장마춤.

根 (ね) が無 (な) くても花 (はな) は咲 (さ) く
뿌리가 없어도 꽃은 핀다

사실 무근한 소문이라도 잠시는 사람들의 화제에 오르는 것을 비유한 것. 參 뿌리 없는 나무에 잎이 필까.

猫 (ねこ) に鰹節 (かつおぶし)
고양이한테 가쯔오부시

좋아하는 것을 상대자 근처에 두는 것은 위험하다는 비유. 가쯔오부시는 가다랭이의 등을 갈라 쩌서 말린 것. 잘게 깎아서 음식의 국물에 넣음(調味料). 參 범에게 개를 빈 격.

熱し易いものは冷め易い
달기 쉬운 것은 식기도 쉽다

일이 너무 속히 잘 되면 오래 가기가 어렵다는 뜻. 參 속히 더운 방이 쉬 식는다.

猫が手水を使うよう
고양이 낯 씻듯

명색뿐으로, 세수를 물칠만 하듯 흉내만 낸다는 말.

猫に小判
고양이한테 금화

귀중한 물건의 가치도 모르니, 쓸데없는 것이라는 비유. 參 돼지에 진주.

猫に乾鮭
고양이에게 건연어

상대자가 좋아하는 것을 그 옆에 두는 것은 위험하다는 비유. 參 고양이 앞에 고기 반찬.

猫の魚辞退

고양이가 생선을 마다함

속에 딴 뜻을 가지고 겉으로는 점잖은 것처럼 꾸밈을 이르는 말. 參 고양이의 소로구나.

猫の手も借りたい

고양이 손이라도 빌고 싶다

몹시 분주하여 일손이 모자란다는 비유. 대단히 바쁜 것의 비유.

猫の額にある物を鼠の窺う

고양이 이마빼기에 있는 것을 쥐가 노린다

제 힘도 모르고 당치않는 희망을 품는 것을 이른다. 參 호랑이 코빼기에 붙은 것도 떼어 먹는다.

猫の前の鼠

고양이 앞의 쥐

몸을 움츠리고 무서워서 꼼짝도 못한다는 비유. 參 호랑이 앞에 개.

猫は禿げても猫

고양이는 머리가 벗어져도 고양이

어떤 것이라도 너무 엉뚱한 변화는 있을 수 없다는 말.

鼠に投げんとして器を忌む

쥐에게 던지려 하나 그릇 때문에 피한다

임금 곁의 간신을 없애버리고 싶으나, 임금이 다칠까 두려워서 처리할 수 없다는 비유. 🏮 쥐를 때리려 해도 접시가 아깝다.

鼠捕る猫は爪かくす

쥐를 잡는 고양이는 발톱을 감춘다

뛰어난 재능이 있는 자는 평소에 함부로 사람들에게 자랑하지 않는다는 말.

寝た子を起こす

잠자는 아이를 깨운다

나쁜 결과가 올 쓸데없는 짓을 공연히 한다는 말. 잊어버려 가는 것을 다시 생각나게 한다는 말. 🏮 자는 범 코침 주기.

寝(ね)た間(ま)は佛(ほとけ)

자는 동안은 부처

사람이 잠자고 있을 동안은 착한 사람도 악한 사람도 천진스럽다는 말. 잠자고 있는 사이는 아무런 근심도 없이 극락에 간 것과 마찬가지라는 말.

寝(ね)て吐(は)く唾(つば)は身(み)にかかる

누워서 뱉는 침은 제게로 돌아온다

너무 게으름 피우면 혼날 지경에 이른다는 말. 남을 해치려다가 도리어 제가 해를 입게 된다는 말. [參] 누워서 떡을 먹으면 팥 고물이 눈에 들어간다.

寝耳(ねみみ)に水(みず)

잠자는 귀에 물

뜻하지 않은 사태가 벌어짐을 이르는 말. [參] 아닌 밤중에 홍두깨.

寝耳(ねみみ)に銭(ぜに)の入(はい)った心地(ここち)

잠자는 귀에 돈이 들어온 심경

아닌밤중에 홍두깨와 같은 뜻밖의 행운이 온다는 말.

㊅ 주린 고양이가 쥐를 만났다.

寢る程樂はない
자는 것보다 편한 일은 없다

이 세상에서 자는 것이 제일 편하다는 비유. ㊅ 시청하는 도승지가 여름 북창 밑에서 자는 사람만 못하다.

念には念を入れよ
조심하고 또 조심하라

무슨 일이든지 다짐하고 다짐하여 만전을 기하라는 뜻. ㊅ 아는 길도 물어가라. 식은 죽도 불어 가며 먹어라.

念の過ぐるは不念
지나친 조심은 부주의와 같다

사소한 일에 너무 지나치게 조심하면 도리어 큰일을 간과하기 쉬운 것을 말함. ㊅ 과(過)는 불급(不及)이라.

念力岩をも透す
염력은 바위라도 뚫는다

온 마음을 쏟은 힘은 바위라도 뚫는다는 말. 정신을 한 곳에만 집중하면 안 되는 일이 없음을 이름. ⚛ 염력통암(念力通巖). 정신일도 하사불성(精神一到何事不成).

の

能ある鷹は爪を隠す
재주 있는 매는 발톱을 감춘다

재능이 있는 자는 그것을 남 앞에 과시하지 않는다. 參 고양이가 발톱을 감춘다. 물이 깊을수록 소리가 없다.

能書筆を擇ばず
달필은 붓을 가리지 않는다

글씨를 잘 쓰는 사람은 붓의 좋고 나쁨을 가리지 않는다. 연장을 탓하는 사람은 솜씨가 서투른 증거이다.

囊中の錐
주머니 속의 송곳

재능은 아무리 감추어도 반드시 여러 사람의 눈에 띈다는 비유. 參 주머니에 든 송곳. 낭중지추(囊中之錐).

能^{のう}なしの口^{くち}たたき
무능한 사람의 능변

실력이 없는 사람이 큰소리만 잘 치는 것을 말함. ㊂ 먹지 않는 씨아에서 소리만 난다.

能^{のう}なしの能一^{のうひと}つ
능력이 없는 사람의 한 가지 능력

아무 쓸모도 없는 사람이라도 무엇인가 한 가지는 재능이 있다는 말. ㊂ 낡은 존위 댁네 보리밥은 잘 해. 굼벵이도 꾸부리는 재주가 있다.

野菊^{のぎく}も咲^さく迄^{まで}は只^{ただ}の草^{くさ}
들국화도 꽃피기까지는 그냥 풀이다

사람의 현우·우열은 발휘하지 않으면 모른다는 말. ㊂ 분에 심어 놓으면 못된 풀도 화초라 한다.

殘^{のこ}り物^{もの}に福^{ふく}がある
마지막 남은 것에 복이 있다

남이 마음대로 골라 잡아서 남겨 둔 물건에는 뜻밖의 행운이 있다는 말. 너무 걸근거리고 앞을 다투는 것은 도리어 손해를 본다는 말. [参] 너무 고르다가 눈먼 사위 얻는다.

喉(のど)から手(て)が出(で)る

목구멍에서 손이 나온다

무엇이나 애타게 갖고 싶어서 견디지 못하겠음을 비유함. [参] 목 멘 개 겨 탐하듯.

喉元(のどもと)過(す)ぎれば熱(あつ)さを忘(わす)れる

목구멍만 넘어가면 뜨거움을 잊는다

괴로움도 그때가 지나가면 간단히 잊어버린다는 뜻. 급할 때만 아우성 친다는 비유. 어려울 때 남에게 받은 은혜도 형편이 좋아지면 잊어버린다는 뜻. [参] 뒷간에 갈 적 마음 다르고, 올 적 마음 다르다. 뉘 덕으로 잔뼈가 굵었기에.

延(の)べなら鶴(つる)でも

외상이라면 두루미라도

외상이라면 아무리 비싼 것이라도 산다는 말. [参] 외상이면 소도 잡아 먹는다.

上(のぼ)り坂(ざか)あれば下(くだ)り坂(ざか)あり
오르막이 있으면 내리막이 있다

인생이란 비탈길의 기복과 같이 성운의 때가 있으면 때로는 쇠운의 때가 있다는 뜻. 參 귀천궁달이 수레바퀴다.

昇(のぼ)れない木(き)は仰(あお)ぎ見(み)るな
오르지 못할 나무는 쳐다보지도 말아라

될 수 없는 일이라면 바라지도 말라는 뜻. 분수나 능력에 넘치는 소원은 무리한 것이니, 분에 만족하는 것이 좋다는 말. 參 난상지목물앙(難上之木勿仰).

飲(の)まぬ酒(さけ)には酔(よ)わぬ
안 마신 술에는 취하지 않는다

원인이 있어야 결과가 있다는 말. 參 술이 아무리 독해도 먹지 않으면 취하지 않는다.

鑿(のみ)と言(い)えば槌(つち)
끌이라 하면 망치

눈치가 빠르다는 비유. 參 변죽을 치면 복판이 운다.

鑿(のみ)に鉋(かんな)の働(はたら)きなし

끌에 대패의 기능은 없다

물건에는 제각기 독특한 기능이 있다는 것을 말함. [參] 구멍을 파는 데는 칼이 끌만 못하고, 쥐 잡는 데는 천리마(千里馬)가 고양이만 못하다.

蚤(のみ)の頭斧(かしらおの)で割(わ)る

벼룩의 머리를 도끼로 쪼갠다

하는 방법이 부적당하다는 비유. [參] 우도할계(牛刀割鷄).

蚤(のみ)の眼(まなこ)に蚊(か)の睫(まつげ)

벼룩 눈에 모기 속눈썹

극히 작은 것을 비유함. [參] 게 꽁지만 하다.

蚤(のみ)の夫婦(ふうふ)

벼룩의 부부

여자 쪽이 남자보다 체격이 큰 부부를 말함. 벼룩은 암컷이 큰 데서 나온 말. [參] 방아깨비 부부.

蚤(のみ)も殺(ころ)さぬ

벼룩도 죽이지 않는다

몹시 상냥하고 착하다는 비유.

乗(の)りかかった舟(ふね)

타기 시작한 배

일단 시작한 이상은 끝날 때까지 도중에서 그만둘 수는 없다는 비유. [參] 내친 걸음. 벌인 춤.

糊(のり)ついでに帽子(ぼうし)

풀칠한 김에 모자의 푸새

기회를 이용해서 여러 가지 일을 해치우는 비유. [參] 떡 삶은 물에 풀한다.

暖簾(のれん)に腕押(うでお)し

포렴(布簾)을 팔로 민다

힘을 들여도 조금도 아무 반응이 없고 풀 죽음의 비유. 暖簾(布簾)은 상호를 적어 점두에 치는 막.

[は]

敗軍(はいぐん)の将(しょう)は兵(へい)を語(かた)らず

패군의 장은 병법을 말하지 않는다

실패한 사람은 그 일에 대해서 다시 의견을 구구하게 진술할 자격이 없다는 뜻.

吐(は)いた唾(つば)は呑(の)めぬ

내뱉은 침은 삼킬 수 없다

말은 한 번 한 후면 어찌할 수 없는 것이니 삼가야 한다는 말. [參] 살은 쏘고 주워도, 말은 하고 못 줍는다.

馬鹿(ばか)があって利口(りこう)が引立(ひきた)つ

바보가 있어야 잘난 사람이 두드러진다

바보는 영리한 사람을 더욱 돋보이게 하는 역할을 한다는 말. [參] 잘난 사람이 있어야 못난 사람이 있다.

馬鹿と鋏は使いよう
바보와 가위는 쓰기 나름

바보라도 부리기에 따라서는 유용하게 쓸 수 있다는 말.
㊅ 접시 밥도 담을 탓.

馬鹿に苦労なし
바보에게 고생 없다

머리의 회전이 느린 바보는 정신적 고생도 그다지 느끼지 않으니, 늘 마음이 편하다는 말.

馬鹿の一つ覚え
바보의 일각

어리석은 자가 한 가지 일을 배우고서 장한 듯이 그것을 자꾸 씀을 이르는 말. ㊅ 치자일각(癡者一覺).

馬鹿の孫ほめ
바보의 손자 자랑

제 손자를 칭찬하는 것은 어리석고 못난 짓이라는 말.
㊅ 자식 추기 반 미친놈, 계집 추기 온 미친놈.

掃(は)き溜(だ)めに鶴(つる)

쓰레기 터에 학

보잘것없는 곳에 뛰어난 것이 어울리지 않게 함께 있다는 비유. [参] 쓰레기통에 장미.

馬脚(ばきゃく)をあらわす

마각을 드러낸다

감추고 있던 본체를 드러냄을 이르는 말.

薄氷(はくひょう)を履(ふ)むが如(ごと)し

살얼음을 밟는 것과 같다

대단한 위험을 무릅쓰는 것을 말함.

始(はじ)めよければ終(お)わりよし

처음이 좋으면 끝도 좋다

먼저 할 일을 잘 해야, 그에 따라 다음 일도 잘 이루어진다는 뜻. [参] 초저녁 구들이 따뜻해야 새벽 구들이 따뜻하다.

馬耳東風
마이동풍

남의 말을 조금도 듣지 않는다는 비유. 參 쇠귀에 경 읽기. 말 귀에 염불.

箸にも棒にもかからぬ
젓가락에도 막대에도 걸리지 않는다

손을 댈 데가 없어 이럴 수도, 저럴 수도 없다는 비유. 죽일 수도, 살릴 수도 없다.

始めが大事
처음이 긴요

어떤 것이라도 처음에 취한 태도나 방법에 의하여 그 결과가 결정되는 것이니, 신중히 하여야 한다는 뜻. 參 처음이 나쁘면 끝도 나쁘다. 시작이 절반.

走り馬が糞を垂れたよう
달리는 말이 똥싸듯

드문드문 조금씩 떨어지고, 사이를 두어 계속되는 모양을 이르는 말.

蜂の巣をつついたよう
벌집을 쑤신 듯

여러 사람이 우왕좌왕하고 소란을 떠는 모양을 말함.

鳩を憎み豆を作らぬ
비둘기 미워서 콩을 심지 않는다

지엽에 구애되고 본래의 일에 등한하면 자기가 손해를 보게 되는 것을 말함. ㉮ 개 미워서 낙지 산다.

花一時人一盛り
꽃도 한때 사람도 한창 때

영화는 영속하지 않는다는 말. 꽃과 사람의 한창 때는 짧다는 말. ㉮ 꽃 이레.

花の下より鼻の下
꽃 아래보다 코 아래

아름다운 꽃을 보고 즐기는 것보다 먼저 먹는 것이 제일이라는 말. ㉮ 코 아래 진상이 제일이라. 금강산도 식후경.

花より団子

꽃보다 경단

풍류보다는 실리가 앞선다는 비유. ⓟ 꽃 구경도 식사 후.

鱧も一期, 海老も一期

갯장어도 일생 새우도 일생

사람은 신분의 상하, 빈부의 차이는 있어도, 대강 비슷한 일생을 지내는 것이라는 뜻. ⓟ 이래도 일생, 저래도 일생.

早いが勝

빠른 자가 이긴다

남보다 앞서 일을 하면 기선을 제하고 만사에 유리한 것을 말함. ⓟ 개똥참외는 먼저 맡은 이가 임자라.

早牛も淀遲牛も淀

빠른 소도 淀 느린 소도 淀

지속의 차이는 있어도 다다르는 데는 같다는 말. 淀은 京都 가까운 데 있는 옛날의 나루터. ⓟ 말 가는 데 소도 간다.

腹(はら)がへっては軍(いくさ)ができぬ

배가 고파 가지고는 싸움을 못한다

무엇을 하든지 배가 고파 가지고는 충분한 활동을 할 수 없다는 말. [參] 새남터를 나가도 먹어야 한다.

腹(はら)も身(み)の内(うち)

배도 몸의 일부

배도 몸의 일부분이니까 너무 과식해서 배탈이 나지 않도록 주의하라는 말. 폭음 포식을 삼가라는 말.

針(はり)とる者(もの)車(くるま)をとる

바늘을 훔치는 자 수레를 훔친다

사소한 나쁜 짓이라도 잘 훈계해야 된다는 뜻. [參] 바늘 도둑이 소 도둑 된다.

針(はり)の穴(あな)から天上(てんじょう)のぞく

바늘 구멍으로 하늘 엿보기

견문이 좁은 사람을 이름. [參] 우물 안 개구리.

針の筵

바늘방석

시달림을 받는 괴로운 처지란 비유. 參 바늘방석에 앉은 것 같다.

針程の穴から棒程の風が來る

바늘만한 구멍으로 몽둥이만한 바람 들어온다

작은 문 구멍으로 새어 들어오는 바람이 더 차다는 뜻. 參 바늘 구멍으로 황소 바람 들어온다.

針程の事を棒程に言う

바늘 끝만한 일을 막대기 정도로 말한다

작은 일을 가지고 큰일이나 난 것처럼 허풍을 떠는 것을 말함. 參 바늘 끝만한 일을 보면 쇠공이만큼 늘어놓는다. 침소봉대(針小棒大).

針を倉に積む

바늘을 곳간에 쌓는다

노력하여 조금씩이라도 부지런히 저축한다는 말. 參 개미 금탑 모으듯 한다.

犯罪の陰には必ず女あり

범죄 뒤에는 반드시 여자 있다

범죄의 동기에는 여성 문제가 걸린 것이 많다는 말. 參 여편네 아니 걸린 살인 없다.

半鐘泥棒

경종 도둑

높은 망루에 매단 경종을 훔치는 놈. 키 큰 사람을 조롱하는 말. 參 봉산(鳳山) 수숫대 같다.

万事は皆救うべし死は救うべからず

만사는 다 구할 수 있으나 죽음은 구할 수 없다

죽음에 대하여 사람은 무력하다는 말. 參 죽음에는 편작도 할 수 없다. 편작(扁鵲)은 중국 춘추 전국 시대(春秋戰國時代)의 명의(名醫).

ひ

贔屓の引き倒し
역성들어 넘어뜨리기

지나친 편애가 도리어 그 사람을 불리하게 한다는 말.

日陰の梨
응달의 배

겉의 볼품은 있으나 내용이 뒤따르지 못하는 것을 이름.
㊂ 빛 좋은 개살구.

日が西から出る
해가 서쪽에서 뜨다

절대로 있을 수 없는 일을 이름.

引かれ者の小唄
끌려가는 자의 노래

죄를 범하고 포졸에게 잡혀가는 자가 지기 싫어서 억지로 큰소리치는 것을 이름. ㊟ 똥 싼 주제에 매화(梅花) 타령한다.

低き処に水溜る
낮은 곳에 물이 괸다

이익이 있는 곳에는 사람이 많이 모여 든다는 말. ㊟ 굳은 땅에 물이 괸다.

比丘尼に櫛を出せと言う
여승에게 빗을 내라 한다

무리한 주문을 하는 것을 말함. ㊟ 마른 나무에 물 내기라.

鬚の塵を拂う
수염의 먼지를 떨다

남의 비위를 살살 맞춰가며 아첨하는 것을 이름. ㊟ 불알을 긁어 주다.

庇を貸して母屋を取られる
마루 끝을 빌려주다 몸채를 빼앗긴다

자기 소유물의 일부를 빌려주다가 마침내는 전체를 빼앗긴다는 비유. 배은망덕(背恩忘德)한다는 뜻. ❀ 차청입실(借廳入室).

美女は醜婦の仇
미녀는 추부의 원수

미인은 추부로부터 마치 원수처럼 미움을 받는다는 말. 현신(賢臣)이 있는 것은 간신(姦臣)에게 방해가 되며, 미움을 받게 된다는 말.

人屑と縄屑は余らぬ
인간의 찌끼와 짚 부스러기는 남지 않는다

무능한 사람도 그대로 쓸모가 있고 남아서 거추장스럽지는 않다는 말. ❀ 개천에 내다 버릴 종 없다.

人肥えたるが故に貴からず
사람이 살쪘다는 이유로 해서 고귀하지는 않다

인간의 가치는 그의 풍채를 보고 판단할 수 없다는 말.

一筋繩で行かぬ
한 줄기 새끼로는 묶을 수 없다

보통 수단·방법으로는 안 된다는 말. 어설프게 다룰 수 없다. ㊌ 소금에 아니 전 놈이 장에 절까.

一つ穴の貉
한 굴 속의 오소리

함께 나쁜 일을 꾀하는 한 패를 이르는 말. ㊌ 가재는 게 편이라.

人の痛いのは三年でも辛抱する
남의 아픔은 삼 년이라도 참는다

남의 괴로움은 자기와는 아무 관계 없으니, 아무 걱정도 없다는 말. ㊌ 관가 돼지 배 앓는다.

人の噂は倍になる
세상 소문은 배로 된다

소문이란 전해질 때마다 과장된다는 말. ㊌ 말은 보태고 떡은 뗀다.

人の踊る時は踊れ
남이 춤출 때는 춤을 추라

다른 사람이 할 때는 자기도 같이 하라. 남이 하는 일에 굳이 반대 의사를 표명하지 않는 것이 좋다는 말.

人の事より我が事
남의 일보다 제 일

남 돌볼 일보다 자기 일을 먼저 하는 것이 선결 문제가 된다는 말. 參 내 코가 석 자. 내 발등의 불을 꺼야 아비 발등의 불을 끈다.

人の十難より我が一難
남의 십 난보다 내 일 난

자기 어려움은 작은 것이라도 대문제가 되는 것을 말함. 參 남의 염병이 내 고뿔만 못하다.

人の太刀で高名する
남의 칼로 공을 세운다

남의 것을 이용하여 일을 성취시킨다는 뜻. 參 남의 바지 입고 춤추기.

人の頼まぬ經を讀む

남이 부탁하지도 않은 경을 읽는다

공연히 참견하여 남을 귀찮게 군다는 뜻. [參] 남의 잔치에 감 놓아라, 배 놓아라 한다.

人の物はおれが物

남의 것은 내 것

지독한 욕심을 비유한 것. [參] 내 것도 내 것, 네 것도 내 것.

人のふり見て我がふり直せ

남의 모습을 보고 자기 모습을 고쳐라

타인의 모습의 좋고 나쁨을 봄으로써 자기의 반성의 자료로 삼아, 자기의 잘못된 모습을 고쳐 가라는 말. [參] 타산지석(他山之石). 복차지게.

人は見かけによらぬもの

사람은 외관으로 판단할 수 없다

사람은 그의 겉보기와 같지 않는 법이라는 말. [參] 까마귀는 검어도 살은 희다.

306 …ひとは

人は悪かれ我善かれ
남은 못되라 자기는 잘되라

이기적인 사람을 비웃는 말. ㊅제 논에 물 대기.

一肌脱ぐ
한 팔 걷고 도와준다

남을 위해 한 번 힘써 도와준다는 말. ㊅발 벗고 나선다.

人真似すれば過ちする
남의 흉내내면 잘못을 저지른다

분수에 넘치는 일을 하다가는 낭패를 본다는 뜻. ㊅송충이가 갈잎을 먹으면 떨어진다.

人を怨むより身を怨め
남을 원망하지 말고 자기를 탓하라

남을 탓하지 말고 원인을 자기에게 구하고, 자기 자신 반성해보라는 말. ㊅눈먼 탓이나 하지, 개천 나무래 무엇하나.

人を呪えば穴二つ

남을 저주하면 구멍이 둘

남을 해치려고 하면 도리어 제가 먼저 해를 받게 된다는 말. ❀ 남 잡이가 제 잡이. 남 잡으려다 제가 잡힌다.

火に油を注ぐ

불에다 기름을 끼얹는다

흔히 화가 난 사람에게 더욱 화를 돋구어 준다는 뜻으로 쓰인다. ❀ 불난 데 부채질한다.

火の消えた回り燈籠

불 꺼진 회전등

쓸데없고 매우 쓸쓸한 처지를 이름. ❀ 날개 부러진 매. 불 없는 화로. 딸 없는 사위.

火の無い所に煙は立たぬ

불이 없는 곳에 연기는 안 난다

사실이 없는데 소문이 날 까닭이 없다는 비유. ❀ 아니 땐 굴뚝에 연기 날까. 도깨비도 수풀이 있어야 모인다.

308 …ひは

火_ひは火元_{ひもと}から騒_{さわ}ぎ出_だす

불은 불난 곳에서 떠들어댄다

　불 낸 사람이 도리어 모르는 체하고 떠들어댄다는 말.
參 불난 데서 불이야 한다.

ひもじい時_{とき}にまずい物_{もの}なし

배고플 때는 맛없는 것이 없다

　배가 고프면 어떤 것이나 맛이 있다는 말. 參 시장이 팥죽. 기갈이 감식.

紐_{ひも}と命_{いのち}は長_{なが}いがよい

끈과 목숨은 긴 것이 좋다

　끈은 짧은 것보다 긴 것이 쓸모가 있고, 장수를 원하는 것은 인간의 본능이라는 말.

百日_{ひゃくにち}の說法_{せっぽう}屁_へ一_{ひと}つ

백일의 설법 방귀 하나

　오랜 동안의 노력과 노고가 대수롭지 않은 수단으로 실패로 돌아간다는 비유.
　백일 동안이나 설교를 하던 중이 방귀 한 번 뀌는 바람에 웃음이 터져나와 모든 설교가 허사가 되었다는 고사에서 나온 말. [参]십년 공부 나무아미타불.

百日(ひゃくにち)の日照(ひで)りには飽(あ)かねど一日(いちにち)の雨(あめ)には飽(あ)く

백일 가뭄에는 싫증이 나지 않아도 하루 비에는 싫증이 난다

청천은 백일이라도 좋으나, 우천은 하루라도 싫다는 말. [参]십년 가뭄에는 살아도 석 달 장마에 못 산다.

百里(ひゃくり)の道(みち)も一足(ひとあし)から

천리 길도 한 걸음으로부터

큰 사업이라도 가까운 일부터 시작하는 것이라는 비유 [参]만리 길도 한 걸음으로 시작한다.

冷(ひ)や飯(めし)食(た)べても娑婆(しゃば)に居(い)たい

찬 밥을 먹더라도 이승에 살고 싶다

아무리 천하게 살더라도 죽는 것보다 살아 있는 것이 낫다는 말. [参]개똥 밭에 굴러도 이승이 좋다.

瓢箪から駒が出る

표주박에서 망아지가 나온다

뜻하지 않은 곳에서 뜻하지 않은 것이 나타남의 비유. 농담으로 한 것이 뜻밖에 진실로 실현되는 비유. ⚛ 하늘에서 떨어졌나, 땅에서 솟았나.

昼には目あり夜には耳あり

낮에는 눈이 있고 밤에는 귀가 있다

비밀 이야기는 보장되기 어렵다는 비유. ⚛ 낮 말은 새가 듣고, 밤 말은 쥐가 듣는다.

火を見るよりも明らかなり

불을 보는 것보다 명백하다

도리가 분명하여 의심을 가질 여지가 전연 없다는 말. ⚛ 명약관화(明若觀火).

牝鶏時を告ぐる

암탉이 울어서 새벽을 알린다

집안에서 여자가 남자보다 기승하여 떠들고 간섭하는 것을 이르는 말. ⚛ 암탉이 울면 집안이 망한다.

貧すれば鈍する
가난해지면 어리석어진다

가난하게 되면, 아무리 훌륭한 사람이라도 어리석은 짓이나 나쁜 짓을 하게 된다는 말. ❀ 가난이 죄다.

貧乏寺の長大門
가난한 절의 큰 대문

낡은 절이 대문만 훌륭하여 어울리지 않으므로 웃음을 사는 결과가 된다는 말. ❀ 가난할수록 기와집 짓는다.

貧乏人が灰を撒けば大風が吹く
가난한 놈이 재를 뿌리면 큰 바람이 분다

밭의 비료로 재를 뿌리는 날에 공교롭게도 큰 바람이 불어 재를 날려 버리는 것을 말함. 짓궂은 세상이라는 뜻. ❀ 가루 팔러 가니 바람이 불고, 소금 팔러 가니 이슬비 온다.

貧乏人の子沢山
가난한 사람에게 자식이 많다

가난한 사람에겐 필요 이상으로 아이들이 많은 것이 보

통이라는 말. 🏷 가난한 집에 자식이 많다.

<ruby>貧乏暇<rt>びんぼうひま</rt></ruby>なし

가난뱅이 여가 없다

가난한 사람은 가난에 시달리어 바쁘기만 하다는 말. 먹을 것 없이 바쁘다. 🏷 오란 데는 없어도 갈 데는 많다.

ふ

富貴にして苦しみあり貧賤しこして樂しみあり
부귀에도 괴로움이 있고 빈천에도 낙이 있다

세상의 고락은 부귀 빈천과는 관계 없다는 것을 말함.
㊜ 죽사발이 웃음이요, 밥사발이 눈물이라.

風樹の歎
풍수지탄

부모에게 효도하려고 하나, 이미 돌아가시고 안 계심을 한탄한다는 뜻. ㊜ 풍목지비(風木之悲).

風聲鶴唳
풍성학려

겁을 먹은 사람이 무슨 작은 일에도 놀란다는 뜻.

風前の灯（ふうぜん ともしび）
바람 앞에 놓인 등불

매우 위급하다는 뜻. 바람에 꺼지는 등불처럼 덧없다는 뜻. 參 바람 받이에 선 촛불.

夫婦喧嘩と春の雪は消えやすい（ふうふげんかと はるのゆきは きえやすい）
양주 싸움과 봄눈은 쉬 녹는다

양주 싸움은 이윽고 원만해지는 것이라는 말. 參 양주 싸움은 칼로 물 베기.

夫婦喧嘩は犬も食わぬ（ふうふげんかは いぬも くわぬ）
부부 싸움은 개도 안 먹는다

부부의 싸움은 얼마 후에 저절로 화해되는 것이니까 남이 참견할 필요가 없고, 무엇이든지 잘 먹는 개라도 경원하고 가까이 오지 않는다는 말. 參 부부 싸움은 개 싸움.

笛吹けど踊らず（ふえふけど おどらず）
피리를 불어도 춤추지 않는다

아무리 권유하고 치켜세워도 응하지 않는다는 비유. 효과가 없다.

覆水盆に返らず
엎지른 물은 다시 쟁반에 돌아가지 않는다

한 번 실수한 일은 다시 돌이켜 고칠 수는 없다는 비유. 이혼한 부부 사이는 예전으로 돌아가지 않는다는 말. 參 엎지른 물. 깨어진 그릇 맞추기.

河豚は食いたし命は惜しし
복어는 먹고 싶고 목숨은 아깝고

복어는 잘못 먹으면 중독으로 생명을 앗아가기 때문에, 어떤 일을 하고는 싶지만 위험해서 용기가 안 난다는 비유.

袋の中の鼠
자루 속에 든 쥐

피할래야 피할 수 없는 막바지에 이르렀음을 비유한 말. 도망칠 수 없는 처지를 말함. 參 독 안에 든 쥐. 그물에 든 고기.

無沙汰は無事の便り
무소식은 무고하다는 소식

무소식(無消息)이 희소식(喜消息)이라는 말.

武士に二言なし
무사에게는 두 말이 없다

무사는 한 번 말한 일은 절대로 지켜야 하지, 그것을 취소해서는 안 된다는 말. ⑳ 남아일언중천금(男兒一言重千金). 군자무이언(君子無二言).

武士は食わねど高楊枝
무사는 먹지 않아도 이 쑤신다

무사는 굶어도 배부른 체한다는 말. ⑳ 양반은 냉수 마시고도 이 쑤신다.

無精者の隣働き
게으름뱅이 이웃집에서 일한다

게으름뱅이가 자기 집 일은 아무것도 하지 않고, 남의 일에는 자기를 잊고 열중함을 비웃는 말.

浮世は夢の如し
뜬세상은 꿈과 같다

인생이란 덧없는 꿈과 같은 것이라는 말. ⑳ 인생은 뿌리 없는 평초(萍草).

伏せる牛に芥
누워 있는 소에게 쓰레기

약한 사람이나 죽은 사람에게 죄를 다 덮어씌우는 것을 말함.

豚に真珠
돼지 목에 진주

가치 있는 것이라도 상대에 따라 아무 소용이 없다는 말. ⑳ 고양이에게 돈.

淵に雨
못에다 비

조금쯤 늘어나도 대단한 일이 아니라는 말로, 헛수고하는 비유. ⑳ 한강투석(漢江投石).

淵変じて瀬となる
웅덩이가 변해서 여울이 된다

세상의 변천이 극심하다는 비유. [參] 십 년이면 강산도 변한다.

太(ふと)るカボチャに針(はり)をさす

살져가는 호박에 바늘 찌르기

점점 자라나는 것을 중도에서 일부러 방해함을 이르는 말. [參] 애호박에 말뚝 박기.

舟盗人(ふなぬすびと)を徒歩(かち)で追(お)う

배 도둑을 도보로 쫓아간다

하는 방법이 부적당하고 헛수고만 하는 비유. [參] 나막신 신고 대동(大同) 배를 쫓아간다.

鮒(ふな)の念佛(ねんぶつ)

붕어의 염불

입 속에서 중얼거리는 것을 이르는 말. [參] 염불 외듯. 낙지 판다.

舟(ふね)に懲(こ)りて輿(こし)を忌(い)む

배에 데어 가마를 꺼린다

어떤 일에 한 번 놀래어 겁을 먹으면 그와 비슷한 것만 보아도 지나치게 조심한다는 말. 🍁 국에 덴 것이 냉수를 불고 먹는다. 더위 먹은 소 달 보고도 헐떡인다.

舟に刻みて剣を求む
배에 눈금을 새기고 칼을 구한다

사리에 어둡고 어리석음을 가리키는 말.

옛날 초(楚)나라 사람이 배를 타고 나루를 건너다가 물속에 칼을 떨어뜨리고, 그 떨어뜨린 장소에 표를 해 놓는다고 뱃전을 깎아 두었다가 그 표지 밑의 물에 들어가 칼을 찾았다는 고사에서 나온 말. 🍁 각주구검(刻舟求劍).

舟は水に非ざれば行かず
배는 물이 아니면 가지 못한다

배는 물이 없으면 갈 수 없다는 말로, 군신의 관계를 말한 것. 🍁 물이 와야 배가 오지.

踏めばくぼむ
밟으면 팬다

무엇을 하면 많든 적든 그 효과는 나타나는 것이라는 말. 좋은 것이라면 무엇이든지 실행하는 것이 제일이라는 말.

降(ふ)らぬ先(さき)の傘(かさ)

비 오기 전에 우산

사건이 발생하기 전에 준비를 든든히 하여 실수 없게 하라는 뜻. [參]가까운 데를 가도 점심밥을 싸 가지고 가거라.

古(ふる)い物(もの)には功(こう)がある

낡은 물건에는 공이 있다

낡은 물건은 쓸모가 있다는 말. 낡은 물건에는 신뢰할 만한 가치가 있다는 말. [參]떡국이 농간(弄奸)한다.

古川(ふるかわ)に水(みず)絶(た)えず

오래 된 강에 물이 끊기지 않는다

구가는 쇠퇴할지언정 쉽게 망하지는 않는다는 비유. 대대로 내려오는 부자는 영락한 후에도 무엇인가 옛날에 썼던 훌륭한 것이 남아 있다는 말. [參]부자는 망해도 삼 년 먹을 것이 있다.

古疵は痛み易い
오래 된 상처는 아프기 쉽다

오래 된 상처는 환절기에는 아프게 된다는 말. 과거의 못된 짓 때문에 이따금 재난을 당하게 될 것이라는 말.

風呂と客は立ったがよい
목욕물은 데우고 손님은 갈수록 좋다

손님은 갈수록 좋다는 말. '立つ'에는 목욕물을 데우는 것과 손님이 일어선다는 의미가 있다. 參 가는 손님은 뒤꼭지가 예쁘다. 손은 갈수록 좋고, 비는 올수록 좋다.

刎頸の交わり
문경지교

목을 잘려도 후회하지 않을 만큼의 친한 교분. 생사를 같이할 만한 친한 사이를 이름. 參 막역지우(莫逆之友).

踏んだり蹴ったり
밟고 차고

엎친 데 덮친 격으로 곤욕을 겪는 모양을 말함. 參 내 것 주고 뺨 맞는다.

へ

平地に波瀾を起こす
평지에 파란을 일으킨다

그대로 가만 두었으면 아무 일도 없었을 것을 공연히 건드려서 일을 저질러 위험을 산다는 말. ㉽ 자는 범 코침주기.

臍が茶を沸かす
배꼽이 차를 끓인다

몹시 우스꽝스러워서 견딜 수 없다는 비유. 배꼽이 빠지겠다.

下手があるので上手が知れる
서투른 사람이 있기 때문에 능숙한 사람이 알려진다

세상에 모두 능숙한 사람들만이 있게 된다면, 아무도 능숙하다는 말을 못 듣는다. 서투른 사람을 변호하는 말.

下手(へた)な鉄砲(てっぽう)も数(かず)うてば中(あた)る

서투른 총질도 여러 번 쏘면 명중한다

여러 번 쏘면 우연히 들어맞는 일도 있다는 말.

下手(へた)の高慢(こうまん)

서투른 놈의 교만

서투른 놈일수록 난 체하고 자랑하는 이야기를 한다는 말.

下手(へた)の道具(どうぐ)しらべ

서투른 사람 연장만 살핀다

솜씨에 자신 없는 사람일수록 이것 저것 도구만 고르나, 좋은 것을 만들 수 없다는 말. [參] 서투른 숙수가 안반만 나무란다.

下手(へた)の長文(ながぶみ)

서투른 글이 길기만 하다

글이 서투른 사람일수록 긴 글을 쓴다는 말. 參 만리장성을 써 보낸다.

下手の横好き
서투르면서도 무턱대고 좋아한다

할 줄도 모르면서 그 일에 흥미를 갖는 일을 말함.

糸瓜の皮とも思わず
수세미 껍질만큼도 여기지 않는다

아무렇게도 생각지 않는다는 말. 조금도 꺼림칙하게 여기지 않는다.

へっついより女房
부뚜막보다 먼저 아내

부뚜막을 만들기도 전에 아내부터 얻는다는 말로, 생계가 서기도 전에 결혼을 먼저 한다는 비유.

屁は糞の先触れ
방귀는 똥의 전조

방귀를 뀌는 것은 용변의 전조라는 말. 參 번개가 잦으면 천둥을 한다.

蛇が蚊を呑んだよう
뱀이 모기를 삼킨 격

모기를 먹어도 보탬은 아니 된다는 말. ⓟ 범 나비 잡아 먹은 듯. 간에 기별도 안 갔다.

屁放って尻を窄める
방귀를 뀌고 볼기짝을 오므린다

실수를 하고 난 뒤에 뒷수습을 한다는 비유. 방귀 뀌고 딴 소리를 한다. ⓟ 닭 잡아 먹고 오리 발 내어 놓는다.

蛇に嚙まれて朽縄におじる
뱀에게 물리고 썩은 새끼 보고 놀란다

무엇에 한 번 몹시 놀란 사람이 그와 비슷한 것만 보아도 겁을 낸다는 말. ⓟ 불에 놀란 놈이 부지깽이만 보아도 놀란다.

蛇に見込まれた蛙のよう
뱀에게 눈독들여진 개구리와 같다

몸이 굳어져 꼼짝을 못한다는 뜻. 參 고양이 앞의 쥐 모양.

蛇の足より人の足
뱀의 발보다 사람의 발

뱀의 발의 유무를 논하는 것보다, 자기 발밑을 생각하는 것이 낫다는 말.

蛇は竹の筒に入れても真っ直ぐにはならぬ
뱀은 대통에 넣어도 똑바로는 되지 않는다

타고난 나쁜 성질은 좀처럼 고쳐지지 않는다는 말. 參 개 꼬리 삼 년 두어도 황모 못 된다.

減らぬものなら金百両, 死なぬものなら子は一人
줄지 않을 것 같으면 돈은 백 냥, 죽지 않을 것 같으면 자식은 하나

사람은 돈이나 자식 때문에 여러 가지 고생을 겪으므로, 필요할 만큼만 있으면 좋을 것이요, 그 이상은 원하지 않는다는 말.

弁当(べんとう)は宵(よい)から
도시락은 초저녁부터

준비는 일찌감치 시작하는 것이 좋다는 말. 무엇을 하든지 준비만은 조금 일찍 하는 것이 긴요하다는 뜻.

弁当持(べんとうも)ち先(さき)に食(く)わず
도시락을 나르는 사람은 먼저 먹지 않는다

가진 자는 도리어 먼저 쓰지 않는다는 말로, 부자는 돈을 쓰지 않는다는 비유. [參] 부잣집 떡개는 작다.

ほ

法あっての寺, 寺あっての法
불법 있어서 절, 절 있어서 불법

불법이 있어야 비로소 절이 있고, 절이 있으니 불법도 유지하게 되는 것이다. 즉, 서로 도우며 살아가는 관계를 말함. ⑳ 보차상의(輔車相依).

方位家の家潰し
방위 미신가 집안 망친다

방위의 좋고 나쁨에 구애되는 사람의 집안은 번영하지 않고, 마지막에는 집안을 망하게 한다는 말. ⑳ 반 풍수 집안 망친다.

帽子と鉢巻き
모자와 머리띠

비슷한 것인데 그다지 차이가 없다는 비유.

法事腹七日

잿밥 먹은 배 이레 간다

재 지내고 맛있는 음식을 많이 먹었으니 이레 동안은 배가 고프지 않다는 비유. ❸제사 덕에 이밥이라.

坊主だませば七代祟る

중을 속이면 칠대까지 앙얼을 입는다

중을 속이는 것은 죄가 무겁다는 말.

坊主憎けりゃ袈裟まで憎い

중이 미우면 가사까지 밉다

어떤 사람을 미워하면 그 사람과 관계되는 모든 것이 밉다는 비유. ❸며느리가 미우면 손자까지 밉다.

坊主に袈裟

중에게 가사

없어서는 안 될 물건이란 말. ❸약재에 감초. 탕약에 감초.

坊主(ぼうず)の鉢巻(はちま)き

중의 머리띠

맺힌 데가 없다는 익살. 되지 않는다는 비유.

坊主(ぼうず)の花簪(はなかんざし)

중의 꽃비녀

용도가 없다는 뜻. 가지고 있어도 쓸모가 없다는 말. [参] 당나귀 귀 치레.

豊年(ほうねん)は飢饉(ききん)の基(もと)

풍년은 기근의 바탕

흔히 풍년이 든 다음해에는 흉년이 찾아오는 수가 많다는 말.

棒(ぼう)ほど願(ねが)って針(はり)ほど叶(かな)う

몽둥이만큼 원하여 바늘만큼 이룬다

사람의 희망이나 소원이 좀처럼 마음대로 이루어지지 않음을 말한 것.

朋友は第二の我
붕우는 제이의 나

친구를 보면 자기가 어떤 사람인지를 알 수 있다는 말.

吠える犬は噛みつかぬ
짖는 개는 물지 않는다

큰소리치는 사람일수록 실력이 없다는 비유. ⓟ 무는 개 짖지 않는다.

頰を顔
뺨을 낯

이름은 다르나 실제에 있어서는 같은 것이라는 뜻. ⓟ 동태나 북어나.

帆かけ船に櫓を押す
돛단배에 노를 젓는다

더 잘 하도록 자꾸 편달함을 이르는 말. ⓟ 닫는 말에 채찍질.

細い目で長く見よ
가는 눈으로 길게 보라

꾹 참고 한때의 소득보다도 먼 장래를 생각하며 바라보는 마음가짐이 필요하다는 말.

佛作って魂入れず
부처를 만들고 혼을 넣지 않는다

일을 철저하게 하지 않고 중요한 점을 빠뜨린다는 비유. ㉥ 장사지내러 가는 놈이 시체 두고 간다.

佛の顔も三度
부처님 얼굴도 세 번

아무리 원만하고 자비스런 사람도 자주 난폭한 짓을 당하게 되면 드디어는 화를 낸다는 말. ㉥ 지렁이도 밟으면 꿈틀거린다.

佛の無い堂
부처님 없는 법당

본존이 없는 법당에서 부처님에게 빈다는 말로, 헛수고만 하는 비유. ㉥ 법당은 호법당이나 불무영험.

佛の光より金の光
부처님의 광명보다 돈의 위광

부처님의 고마움도 돈의 힘에는 대적할 수 없다는 말.
㊐돈만 있으면 처녀 불알도 산다.

佛も昔は凡夫
부처님도 옛날은 범부

누구라도 수업을 잘 하면 훌륭한 사람이 될 수 있다는 말. ㊐범부라도 해탈하면 부처님. 낙락 장송도 근본은 종자.

骨折損の草臥儲け
애쓴 보람 없는 헛수고

고생만 하고 애쓴 보람이 없어 아무 소득이 없다는 말. ㊐도로 아미타불. 흉년의 거지. 밑빠진 가마에 물 붓기.

誉める人には油断すな
칭찬하는 사람에게는 마음을 놓치 말라

아첨하여 가까이 접근해 오는 사람을 경계할 필요가 있다는 말.

洞が峠をきめこむ
洞が峠(호라가 도오게)를 결정한다

유리한 쪽으로 붙으려고 형세를 관망함. 기회주의적 태도를 취하기로 마음먹는 것을 이르는 말.
洞が峠: 京都·大阪의 경계에 있는 고개의 이름. 1852년 山崎의 전투 때 筒井順慶이란 무장이 이 산마루에서 유리한 쪽에 붙으려고 전세를 관망했다는 고개. ❀ 두 길마 보기. 수서양단(首鼠兩端).

法螺と喇叭は大きく吹け
소라와 나팔은 크게 불어라

만일 이야기를 과장하고 말할 것 같으면, 당치도 않은 큰 허풍을 떠는 것이 좋다. 法螺에는 악기의 소라와 대포를 쏜다는 의미가 있다.

惚れて通えば千里も一里
반해서 드나들면 천리 길도 십리

애인을 만나러 갈 적에는 먼 거리도 아주 가까이 느껴져 고생이 아니 된다는 말. ❀ 천리 길도 십리.

襤褸を着ても心は錦

누더기를 입어도 마음은 비단

외관은 보잘것없으나 마음속은 아름답다는 말. [參] 질병에도 감홍로(甘紅露).

盆と正月が一所に来たよう

우란분과 정초가 한꺼번에 닥쳐온 것과 같다

추석과 설이 한꺼번에 닥쳐온 것처럼 매우 바쁘다는 말. 즐겁고 기쁜 일이 겹친다는 말. [參] 치마에서 비파 소리가 난다.

煩悩の犬は追えども去らず

번뇌의 개는 쫓아도 떠나지 않는다

번뇌는 아무리 쫓아도 개와 같이 따라다니고 떨어지지 않는다. 번뇌는 인간을 괴롭히는 일체의 욕심·분노·불평을 말함.

ま

参らぬ佛に罰は当たらぬ
참배하지 않는 부처한테서 벌은 받지 않는다

무슨 일이든 관계하지 않으면 재앙을 받을 염려는 없다는 비유. 参긁어 부스럼.

前で追従する者は陰でそしる
앞에서 아부하는 자는 뒤에서 험담한다

엉너리 치는 말을 잘 하는 사람은 경계해야 한다는 말.

蒔かぬ種は生えぬ
뿌리지 않은 씨앗은 싹트지 않는다

원인이 없는 곳에 결과가 있을 턱이 없다는 말. 参아니 땐 굴뚝에 연기 날까.

曲がらねば世が渡られぬ
구부러지지 않으면 처세할 수 없다

이 세상에서는 자기 주장만을 관철하려 하면 나아갈 수 없다. 때로는 자아를 굽히는 것도 필요하다는 말.

曲がれる枝に曲がれる影あり
굽은 가지에 굽은 그림자가 생긴다

나쁜 결과는 다 나쁜 원인에서 생기는 것이라는 뜻. 參 굽은 지팡이는 그림자도 굽어 비친다.

曲がり木にも用い所がある
굽은 나무도 쓸모가 있다

어떤 것이라도 쓸데없는 것은 없다는 말. 參 굽은 나무는 길마 가지가 된다.

枕を高くして眠る
베개를 높게 하고 잔다

안심하고 자는 모양. 편안한 생활을 할 수 있다는 비유. 參 고침이와(高枕而臥). 고침단명(高枕短命).

負けるが勝ち
지는 것이 이기는 것

상대방에게 승리를 양보하는 것이 결과적으로 유리하다는 말. 參 이기는 것이 지는 것.

孫飼わんより犬の子飼え
손자를 기르느니 강아지를 길러라

손자를 아무리 귀애해도 손자에게서 효양을 받기란 어렵다는 뜻. 參 외손자를 귀애하느니 절굿공이를 귀애하지.

馬子にも衣裳
마부에게도 의상

누구든지 외모를 꾸미면 그럴 듯하게 보인다는 비유. 參 옷이 날개라.

不味い物の煮え太り
맛이 없는 것은 삶을수록 불룩해짐

되지못한 것은 분량만 많은 것을 말함. 參 맛없는 국이 뜨겁기만 하다.

枡(ます)で量(はか)って箕(み)でこぼす

되로 되고 키로 쏟는다

가을 추수 때 조금씩 되로 되고 거두어들인 것을 키로 한꺼번에 쏟아 버린다는 말로, 고생하고 모은 것을 조잡하게 낭비하는 것을 비유함. [參]물 쓰듯 한다.

升(ます)で量(はか)るほどある

되나 말로 될 만큼 있다

양이 퍽 많다는 비유.

待(ま)たぬ月日(つきひ)は経(た)ち易(やす)い

기다리지 않는 세월은 지나가기 쉽다

기다리면 조바심이 나지만, 기다리지 않으면 세월은 모르는 사이에 빨리 흘러가 버린다는 말. [參]세월이 여류(如流).

待(ま)つ人(ひと)は障(さわ)りありて頼(たの)めぬ人(ひと)は來(く)る

기다리는 사람은 차질이 생기고 안 기다리는 사람만 온다

기다리는 사람은 안 오고, 올까봐 꺼리던 사람이 달려

든다는 말. 세상 일은 마음대로는 되지 않는다는 비유. ㊉ 오라는 딸은 안 오고, 외통 며느리만 온다.

待つ間が花
기다리는 동안이 꽃

무슨 일이든지 기다리는 동안이 즐거운 것이라는 말. 막상 목적을 달성하면 그다지 대단하지는 않고, 기대를 어긋나게 되는 경우가 많다.

待てば海路の日和あり
기다리면 항해에 좋은 날씨가 있다

무슨 일이든지 애태우지 말고 차분하게 기다리고 있으면 운이 트이고 좋은 시절이 꼭 돌아오는 것이라는 비유. ㊉ 시어미 죽는 날도 있다. 쥐구멍에도 볕 들 날이 있다.

窓から槍
창문에서 창

무엇을 갑자기 하는 것의 비유. 갑작스런 일. ㊉ 새벽 봉창 두들긴다. 어두운 밤에 주먹질.

的矢(まとや)の如(ごと)し

화살과 과녁 격

과녁과 화살같이 서로 관계가 깊고 늘 같이 있는 것을 비유함. [參] 활과 과녁이 서로 맞는다.

豆(まめ)を煮(に)るに萁(まめがら)を焚(た)く

콩을 삶는 데 콩깍지를 땐다

동료끼리 서로 해친다는 뜻이며, 형제가 화목하지 않고 서로 해치려 함을 이름. [參] 피로 피를 씻는다.

守(まも)り手(て)の隙(ひま)はあれど盗人(ぬすびと)の隙(ひま)なし

지키는 사람의 틈은 있어도 도둑놈의 틈은 없다

도둑놈의 침입을 막는 것은 대단히 어렵다는 뜻. [參] 열 사람이 지켜도 한 도둑을 못 막는다.

眉毛(まゆげ)に火(ひ)がつく

눈썹에 불이 붙는다

신변에 위급한 일이 닥쳤다는 비유. [參] 초미지급(焦眉之急). 발등에 불이 떨어진다.

眉(まゆ)に唾(つば)をつける

눈썹에 침을 바른다

여우에게 홀리지 않으려면 눈썹에 침을 발라야 한다는 속설에서, 속지 않도록 주의하는 것을 말함.

眉(まゆ)に八字(はちじ)をなす

눈썹에 여덟 팔(八) 자를 짓는다

눈썹의 바깥쪽의 끝을 내려서 팔 자를 짓는다는 것은 슬픈 표정을 짓는 모양을 이르는 말. [參] 이마에 내 천(川) 자를 그린다.

迷(まよ)う者(もの)は路(みち)を問(と)わず

길을 잃은 자는 길을 묻지 않는다

도리를 모르는 사람이야말로 현명한 사람에게 물어야 하는데, 그러한 사람에 한하여 반드시 현명한 사람의 가르침을 받으려 하지 않는다는 말.

丸(まる)い卵(たまご)も切(き)りようで四角(しかく)

둥그런 달걀도 자르기 나름으로 사각

둥근 달걀도 썰기에 따라서는 네모가 된다는 말로, 말

이란 같은 내용을 가지고 좋게 이야기할 수도 있고, 나쁘게 이야기할 수도 있는 것이라 하여 이름. ㊡ '에' 해 다르고, '애' 해 다르다.

真綿で首をしめる
풀솜으로 목을 조르다

은근히 골탕먹이다. 두고두고 못살게 군다는 말.

満は損を招く
만(満)은 손(損)을 부른다

사물은 완전한 상태가 되면, 그 뒤는 손해를 초래할 뿐이라는 말. ㊡ 차면 넘친다. 달도 차면 기운다.

み

木乃伊取りが木乃伊になる
미이라를 파내러 간 사람이 미이라가 된다

　사람을 찾으러 간 사람까지도 돌아오지 않는다는 말. 처음의 목적을 이루지 못하고 반대의 결과가 된다는 말. 參 혹 떼러 갔다가 혹 붙여 온다.

身から出た錆
몸에서 난 녹

　스스로 초래한 나쁜 결과를 말함. '身'은 칼날과 자기 몸을 암시하는 말. 參 제가 눈 똥에 제가 주저앉는다. 자업자득(自業自得). 곰 창 날 받듯.

右の耳から左の耳
오른쪽 귀에서 왼쪽 귀로

　말을 들어도 곧 잊어버리는 것을 이르는 말. 參 한 귀로 듣고 한 귀로 흘린다.

右を踏めば左があがる
오른쪽을 밟으면 왼쪽이 올라간다

한쪽을 좋게 하면 다른 쪽이 빠진다. 일을 양립하기는 어렵다는 말.

水清ければ魚棲まず
물이 맑으면 고기가 살지 않는다

사람이 너무 결백하면 재물이 따르지 않는다는 뜻. 參 맑은 물에 고기 안 논다.

水滴りて石穿つ
물방울이 떨어져 돌을 뚫는다

미력이라도 쉬지 않고 노력하면 큰일을 이룰 수 있다는 비유. 參 낙수물이 댓돌을 뚫는다.

水積もりて魚聚まる
물이 괴어야 고기가 모인다

사람도 이익이 있는 데로 자연히 모이게 된다는 말. 參

산이 깊어야 범이 있다.

水積(みずつ)もりて川(かわ)を成(な)す

물이 모여 냇물을 이룬다

작은 일도 차차 쌓이면 큰 성과를 거둘 수 있음을 비유함. [参]토적성산(土積成山).

水(みず)と魚(うお)

물과 물고기

끊을래야 끊을 수 없는 밀접한 사이를 비유함. [参]수어지교(水魚之交).

水(みず)に流(なが)す

물로 씻어 버린다

모든 과거사를 전부 없었던 것으로 하고 잊어버리는 것을 말함.

水(みず)に源(みなもと)あり樹(き)に根(ね)あり

물에는 수원이 있고 나무에는 뿌리 있다

사물에는 제각기 근원이 있다는 비유. [参]뿌리 없는 나무가 없다.

水(みず)に文字(もじ)書(か)く

물에다 글씨 쓴다

믿음성이 없고 허황되다는 비유. [參]물 위에 수결 같다.

水(みず)の中(なか)の土佛(つちぼとけ)

물속의 흙부처

오래 가지기 어렵다는 비유. 멀지 않아 못쓰게 된다는 말.

水(みず)は舟(ふね)を載(の)せ亦舟(またふね)を覆(くつがえ)す

물은 배를 띄우고 또 배를 뒤집는다

물은 배를 띄우기도 하고 엎을 수도 있다 함이니, 백성은 임금을 길러 임금으로 모실 수도 있으나 또 그를 해할 수 있음을 비유한 말.

水(みず)は方円(ほうえん)の器(うつわ)に随(したが)う

물은 그릇의 모지고 둥근 데에 따른다

물은 고유한 형체가 없고 그릇의 모양에 따라 사각형으

로도 또는 원형으로도 바뀐다. 사람은 주위 환경에 따라 달라진다는 말.

水(みず)広(ひろ)ければ魚(うお)大(だい)なり

강이 넓으면 물고기도 크다

강이 넓으면 거기에 노는 물고기도 크고, 높은 산에는 큰 나무가 무성한 것이다. 사람도 대성공하려면 그 배경이나 장소가 커야 한다는 비유.

水(みず)も漏(も)らさぬ

물도 안 새게 한다

물샐 틈 없는 경계나 아주 친밀한 교우 관계를 말함. [參] 물 부어 샐 틈이 없다.

味噌汁(みそしる)で顔洗(かおあら)え

된장국으로 세수하라

멍하고 있는 사람에게 눈을 뜨고 정신차리라고 하는 말. [參]냉수 먹고 속차려라.

味噌(みそ)に入(い)れた塩(しお)はよそへは行(ゆ)かぬ

된장에 넣은 소금은 딴 곳으로 안 간다

겉으로는 관계 없는 곳에 돈을 들인 것같이 보이나, 결국은 자기에게 이롭게 된다는 말. 參팥이 풀어져도 솥 안에 있다.

味噌も糞もいっしょ
된장도 똥도 뒤범벅

선악·우열을 가리지 않고 한데 뒤섞인 상태를 이르는 말. 參똥인지 호박국인지. 무릇인지 닭의 똥인지.

三日天下
삼일천하

극히 짧은 동안에 천하를 내 것으로 함을 이르는 말. 권세나 영화는 계속되지 않는다는 뜻. 參열흘 붉은 꽃 없다.

三つ子の魂百まで
세 살 아이의 마음 백 살까지 간다

어렸을 때의 성질은 노년이 되어도 변하지 않음의 비유. 參세 살 적 버릇이 여든까지 간다. 배운 도둑질 같다.

盈つれば虧く
차면 기운다

세상의 모든 일은 완전한 상태에 도달하면 멀지 않아 쇠퇴의 길을 걷게 되는 것이라는 말. 參 달도 차면 기운다.

南風でもたんと吹きゃ寒い
남풍이라도 많이 불면 춥다

가령, 좋게 여겨지는 것이라도 정도를 지나치면 안 된다는 말. 參 어린아이 매도 많이 맞으면 아프다.

源清ければ流れ清し
수원이 맑으면 흐르는 물이 맑다

위에 있는 사람이 바르면 아랫사람도 바르게 된다는 말. 參 윗물이 맑아야 아랫물이 맑다.

蓑のそばへ笠が寄る
도롱이 옆으로 삿갓이 다가온다

언제나 같은 환경에 있는 사람끼리 어울리게 된다는 말. 參 헌 짚신도 짝이 있다.

耳学問
귀동냥

귓전으로 얻어 들은 하찮은 지식을 이른다. [參] 어깨 너머 글. 어깨 너머 문장.

耳に釘

귀에 못

듣는 사람의 아픈 데를 찌르는 말을 한다. 귀에 거슬리다. [參] 귀에 싹이 난다.

耳に胼胝が出來る

귀에 못이 박힌다

몇 번이나 같은 말을 싫증이 나도록 듣는다는 말. [參] 좋은 노래도 장 들으면 싫다.

耳は大なるべく口は小なるべし

귀는 커야 하고 입은 작아야 한다

될 수 있는 대로 다방면의 말씀을 듣고, 말하는 것은 조심해야 한다는 뜻. [參] 귓문이 넓다. 말이 많으면 실언이 많다.

耳を掩うて鐘を盗む

귀 막고 종을 훔친다

얕은 수를 써서 남을 속이려 하는 것을 말함. 🏵 가랑잎으로 눈을 가리고 아웅한다.

見目より心
용모보다 마음씨

사람은 얼굴 생김의 아름다움보다 마음이 아름다와야 한다.

見様見真似
본 대로 흉내냄

사람이 하는 것을 보고 있으면, 저절로 그 하는 방법을 알게 된다는 말. 🏵 여럿이 가는 데 섞이면 병든 다리도 끌려 간다.

見る物食おう
보이는 대로 먹자

눈에 보이는 것은 무엇이든지 닥치는 대로 탐내는 사람을 이르는 말. 🏵 무엇이든지 먹자고 한다.

身を蔵して影を露わす
몸만 감추고 그림자를 보인다

일부의 결점이나 악행을 감추고 있지만 다른 대부분이 드러남을 조롱하는 말. [參] 쪽박 쓰고 비 피하기.

む

六日の菖蒲
엿샛 날의 창포

 단오 뒷날의 창포란 뜻으로, 시기가 늦어 아무 소용에 닿지 않음의 비유. 창포는 5월 5일에, 이것을 우려낸 물로 여자들이 머리를 감는 습속이 있다. 參 십일지국(十日之菊).

昔から云う事に虚言はない
옛날부터 하는 말엔 거짓이 없다

 옛날부터 전승된 것, 비유나 속담에는 진리가 있고 가치가 있다는 말. 參 옛말 그른 데 없다.

昔千里も今一里
옛날 천리도 지금 십리

 옛날에는 천리라도 갈 수 있었던 준마도 지금은 십리도

갈 수 있을까 말까 할 정도이니, 준걸이라도 늙으면 보통 사람만 못하다는 비유. ※ 기린이 늙으면 노마만 못하다.

昔操った杵柄
옛날 손에 익힌 절굿공이

옛날에 익힌 솜씨는 지금이라도 잊지 않고 발휘할 수 있다는 말. ※ 젊어 잘 뛰던 말이 늙어지면 같지 못하랴.

昔は今の鏡
옛날은 지금의 거울

옛날 일은 현재의 모범이 될 수 있다는 말. 옛날을 아는 것은 현대를 더 좋게 하는 것이다.

昔は昔今は今
옛날은 옛날 지금은 지금

옛날의 여러 가지 일을 현대에 적용시킬 수는 없다는 말.

麥と姑は踏むがよい
보리밭과 시어머니는 밟을수록 좋다

보리밟기와 같이, 시어머니에게 대해서도 때로는 억세게 대하는 것이 좋다.

麥飯で鯉を釣る
보리밥으로 잉어를 낚는다

적은 자본을 들여서 큰 이득을 얻거나, 대단찮은 수고를 하여 큰 보수를 받았을 때를 이름. ㊝ 곤지 주고 잉어 낚는다.

無患子は三年磨いても黒い
무환자나무는 삼 년 닦아도 검다

천성을 고칠 수 없다는 비유. ㊝ 흰 개 꼬리 굴뚝에 삼 년 두어도 흰 개 꼬리다. 개 꼬리 삼 년 두어도 황모 못 된다.

無芸大食
무예대식

아무 재주도 없으면서 먹기만 많이 함을 이르는 말. ㊝ 먹고 죽기.

婿には花をもたせ

사위에게는 영광을 돌려라

사위에게는 무엇이든지 잘 돌봐 주어야 한다는 말. [參] 사위는 백년지객(百年之客).

婿三代続けば金持ちになる

데릴사위가 삼대 잇따르면 부자가 된다

사위는 착실하게 일을 하니까, 이것이 삼대나 계속되면 부자가 된다는 말.

婿は座敷から貰え嫁は庭から貰え

사위는 객실에서 며느리는 마당에서 맞이하라

사위는 자기 집보다 격식이 높은 집에서, 며느리는 낮은 집에서 맞이하라는 뜻.

婿は火を焚く

사위는 불을 땐다

사위는 부엌의 일까지 도와준다는 비유. [參] 사위가 무던하면 개 구유를 씻는다. 가시어미 눈멀 사위.

蒸(む)し暑(あつ)いと翌日(よくじつ)は雨(あめ)

무더우면 다음날은 비

무더우면 저기압이 가까우니 비가 온다고 이르는 말. [参] 여름 비는 더워야 오고, 가을 비는 추워야 온다.

娘(むすめ)が姑(しゅうとめ)になる

딸이 시어머니가 된다

딸이 시집을 가서 남의 처가 되고 낳은 아들을 장가보내어 며느리를 보게 되면 시어머니가 된다는 말이니, 세월의 흐름에 따라 처지가 달라진다는 뜻. [参] 며느리 늙어 시어미 된다.

娘三人持(むすめさんにんも)てば身代(しんだい)つぶす

딸이 셋이면 도산한다

딸을 시집보낼 때에는 많은 비용이 들어서 집안이 망할 지경에까지 이른다는 말. [参] 딸 삼 형제 시집보내면 고무 도둑도 안 든다.

娘一人(むすめひとり)に婿八人(むこはちにん)

딸 하나에 사위는 여덟

딸은 하나뿐인데 사위는 여덟 명이나 희망자가 있다는 말로, 한 가지 사물에 희망자가 많음을 이르는 비유.

娘(むすめ)を見(み)るより母(はは)を見(み)よ

딸을 보는 것보다 어머니를 보아라

모친의 인품을 보면 어떠한 딸인지를 대강 알 수 있다는 말.

胸(むね)に一物(いちもつ)

맘속에 한 가지 속셈

입으로 말하지는 않으나, 가슴속에 지니고 있는 어떤 계략(꼬부장한 마음). [參] 마음은 굴뚝 같다.

無用(むよう)の用(よう)

무용지용

쓸모가 없다고 하던 섯이 오히려 소용이 됨을 이르는 말.

村(むら)には村姑(むらしゅうとめ)が居(い)る

동네에는 동네 시어미가 있다

이 세상은 어디 가든지 잔소리꾼이 많이 있다는 비유.
㊂ 동네마다 후레아들 하나씩 있다.

無理が通れば道理が引っ込む
억지가 통하면 도리가 물러선다

도리에 어긋난 일이 허용된다면, 도리에 맞는 일은 행할 수 없게 된다는 말. 힘이 활개치면 정의가 물러선다.
㊂ 승하면 충신, 패하면 역적

目明千人盲千人
눈뜬 사람도 천 명, 장님도 천 명

이 세상에는 사리에 밝은 사람도 많지만 어두운 사람도 그만큼 있다는 말.

明鏡止水
명경지수

잡념 없는 고요한 심정을 말함.

明鏡も裏を照さず
명경도 뒷면은 못 비춘다

아무리 현명한 사람도 때로는 빠뜨리는 것이 있음을 비유한 말.

名馬(めいば)に癖(くせ)あり

명마에 성깔이 있다

유능한 사람일수록 특이한 성깔이 있다는 말. 다만 얌전한 성질뿐이라면 아무것도 할 수 없다는 말.

名筆(めいひつ)は筆(ふで)を択(えら)ばず

명필은 붓을 가리지 않는다

뛰어난 사람은 도구나 재료가 나빠도 훌륭한 일을 하는데, 서투른 사람일수록 도구나 재료를 두고 이러니저러니 불평한다는 말. [參] 서투른 무당이 장고만 나무란다.

名物(めいぶつ)に旨(うま)い物(もの)なし

명물 치고 맛있는 것이 없다

이름은 반드시 속 내용을 따르지 못함의 비유. [參] 소문난 잔치에 먹을 것 없다.

牝牛(めうし)に腹(はら)突(つ)かれる

암소에게 배를 받힌다

예상도 하지 않은 사람에게 갑자기 가혹한 처사를 받게 된 것을 이른다. [參] 아는 도끼에 발등 찍힌다.

目から鼻へ抜ける
눈에서 코로 빠진다

몹시 영리하고 눈치가 빠르며 행동이 민첩하다는 비유. ㊮ 하나를 보면 열을 안다.

目糞鼻糞を笑う
눈꼽이 코딱지를 비웃는다

제게는 더 큰 흉이 있으면서 남의 작은 흉을 들어 말한다는 뜻. ㊮ 똥 묻은 개가 겨 묻은 개 나무란다.

盲に提燈
장님에게 초롱

소용이 없는 물건의 비유. 장님 등불 드나 마나. ㊮ 돼지에 진주.

盲に眼鏡
소경에게 안경

필요 없는 것을 주어도 아무 소용이 없다는 비유. 유용한 것이라도 쓸모가 없으면 필요 없다는 것을 이름.

盲(めくら)に煮(に)え湯(ゆ)をかける

장님에게 열탕을 끼얹는다

잔인하고 참혹한 행동을 이름. [參] 어린아이 팔 꺾는 것 같다.

盲(めくら)の垣(かき)のぞき

장님 담장 엿보기

아무 보람도 없음을 이르는 말. [參] 소경 단청(丹青) 구경.

盲(めくら)の探(さぐ)り當(あ)て

장님의 더듬어 찾기

무턱대고 한 일이 뜻밖에 잘 되었다는 말. [參] 봉사 문고리 잡기.

盲(めくら)の杖(つえ)を失(うしな)う如(ごと)し

장님이 지팡이를 잃은 격

유일하게 믿고 있는 것을 잃어서 앞으로 어떻게 하면 좋을지 할 바를 모르고 있는 것을 말함.

盲蛇におじず
장님은 뱀을 무서워하지 않는다

상대가 무엇인지를 모르는 자는 무서워할 줄을 모른다는 비유. ㉾ 하룻강아지 범 무서운 줄 모른다. 자가사리가 용을 건드린다.

目高も魚のうち
송사리도 물고기 편이라

작고 보잘것없는 것이라도 한 패가 아닐 수 없다는 말. ㉾ 가재는 게 편이라.

目で見て鼻で嗅ぐ
눈으로 보고 코로 맡는다

무슨 일이든지 조심하고 튼튼히 틀림없게 하는 것을 이른다. ㉾ 누울 자리 봐 가며 발 뻗는다.

目と鼻の間
눈과 코와의 사이

눈과 코와의 간격처럼 극히 좁거나 가깝다는 비유. ㉾ 엎드러지면 코 닿을 데.

目に一丁字なし
눈에 일정자(一丁字) 없다

배운 것이 없는 무식장이를 이르는 말. 곧, 문맹(文盲)인 사람. ❸뜨고도 못 보는 당달 봉사. 눈뜬 장님.

目に入れても痛くない
눈에 넣어도 아프지 않다

흔히 자기의 어린 자식을 몹시 귀여워함을 이르는 말. 몹시 귀엽다는 비유.

目の上の瘤
눈 위의 혹

자기보다 위치나 실력이 월등하여 은근히 방해가 되는 존재라는 비유. ❸눈엣가시. 눈에 못.

目の正月
눈한테 설날

진귀한 예쁘고 고운 것을 보며 즐기는 일을 말함.

目(め)の保養(ほよう)

눈의 보양

얻지는 못하고 보기만 하며 좋아하는 일을 말함. [參] 눈요기(療飢).

目(め)は毫毛(ごうもう)を見(み)るも睫(まつげ)を見(み)ず

눈은 가는 털을 보아도 속눈썹은 보지 못한다

남의 잘못은 작은 것이라도 깨닫지만, 자기의 잘못은 깨닫지 않는다는 비유.

目(め)は心(こころ)の鏡(かがみ)

눈은 마음의 거울

눈을 보면 그 사람의 마음의 옳고 그름을 알 수 있다는 말. 마음이 깨끗하면 눈동자도 맑다는 말.

目(め)は口程(くちほど)に物(もの)を言(い)う

눈도 입만큼 말한다

말로 말하지 않아도 눈의 표정으로 마음을 상대방에게 알릴 수 있다는 말. [參] 눈치 코치 다 안다.

目を掩うて雀を捕らう
눈을 가리고 참새를 잡는다

잔재주를 쓰고 얕은 술책을 부리는 것을 말함. ⑳ 눈감고 아웅한다.

面面の楊貴妃
제각기 양귀비

사람은 제각기 자기 애인을 양귀비보다 나은 일색이라고 믿고 있다는 비유. ⑳ 계집의 얼굴은 눈의 안경. 눈의 안경.

面も笠も脱ぐ
탈도 삿갓도 벗는다

지금까지의 빚을 죄다 갚았으니, 얼굴을 감추고 남을 꺼릴 필요도 없고, 활개치며 세상살이를 할 수 있게 된 것을 이르는 말. ⑳ 십년 묵은 환자라도 지고 들어가면 그만이다.

も

孟母三遷の教え
(もうぼさんせんのおしえ)

맹모삼천지교

맹자의 모친이 자식인 맹자의 교육을 위해 세 번 집을 옮겼다는 고사에서 나온 말. 부모가 자식의 장래를 염려하여 여러 모로 애씀을 말함.

百舌が鷹生む
(もずがたかうむ)

때까치가 매를 낳는다

변변치 못한 가문에서 훌륭한 인물이 나온다는 말. 參 외넝쿨에 가지 열린다.

餅に砂糖
(もちにさとう)

떡에다 설탕

좋은 물건 위에 더 훌륭한 것이 가해진다는 말인데, 너무 달콤한 말이라는 비유. 參 밥 위에 떡.

餅(もち)は餅屋(もちや)

떡은 떡집

무슨 일이나 사물에는 제각기 전문가가 있는 법이니, 전문가에게 맡기는 것이 상책이란 뜻. [參] 산중 놈은 도끼질, 야지 놈은 괭이질.

餅(もち)の中(なか)の籾(もみ)

떡 속의 뉘

매우 드물다는 비유. [參] 백미에도 뉘가 있다.

餅屋(もちや)餅(もち)食(く)わず

떡장수 떡을 안 먹는다.

항상 가지고 있으면서 자신을 위해서 쓰지는 않는다는 비유. [參] 대장장이 집에 식칼이 논다.

餅(もち)より餡(あん)が高(たか)くつく

떡보다 팥소가 비싸게 치인다

본체보다 부수적인 것에 비용이 더 드는 것을 이른다. [參] 고추장이 밥보다 많다.

持った棒で打たれる

제가 가진 몽둥이로 맞는다

스스로 화를 자초한다는 뜻. 参 곤장을 메고 매맞으러 간다.

本木にまさる末木なし

나무 밑동보다 나은 가지는 없다

여러 번 갈아치워도 역시 처음의 것보다 더 좋은 것은 없다는 뜻. 주로 남녀 관계에 대해서 말함. 参 구관이 명관이다.

元の鞘へ収まる

제 칼집에 들어간다

멀어졌던 부부 사이가 타협을 이루어 다시 이전의 관계를 되찾는다는 말.

元の木阿彌

본래의 木阿彌로 되돌아감

다시 이전과 같은 하찮은 상태로 되돌아가는 현상을 말함.

옛날 木阿彌라는 신분이 낮은 사람이 적을 속이기 위하여 주인 대신이 되었다가, 목적이 달성된 그때에 다시 이전의 木阿彌로 되돌아갔다는 고사에서 나온 말. [參]도로아미타불.

元(もと)も子(こ)も失(うしな)う

본전도 이문도 다 잃는다

욕심을 부리다가 자기의 권리나 당연히 가질 수 있는 것도 잃는다는 비유. [參]게도 구럭도 다 잃었다.

物(もの)言(い)えば脣(くちびる)寒(さむ)し秋(あき)の風(かぜ)

말을 하면 입술이 시리도다, 가을바람아

남의 욕을 한 뒤는 어딘지 모르게 마음에 뉘우쳐지는 일이 있고 쓸쓸하게 된다는 말. 또 그런 욕설이 재앙을 초래하게 될 수도 있다는 말. 입은 재앙의 문이니 말을 삼가라는 뜻.

物盛(ものさかん)なれば則(すなわ)ち衰(おとろ)う

물건이란 성하면 곧 쇠퇴한다

한 번 번성하면 멀지 않아 쇠퇴하게 되는 것이니, 언제까지나 성한 채로 있는 것은 없다는 말. [參]열흘 붉은 꽃 없다.

物種(ものだね)は盗(ぬす)まれず

씨는 도둑맞지 않는다

유전 법칙, 혈통은 속일 수 없다는 말. [参] 씨 도둑은 못 한다.

物(もの)には時節(じせつ)

사물에는 시기

일을 함에는 제각기 적당한 시기가 있으니, 그 기회를 놓치지 말고 할 필요가 있다는 말. [参] 쇠뿔은 단김에 빼라.

物(もの)は考(かんが)えよう

모든 일은 생각할 탓

세상 만사는 생각하기에 따르는 것이라는 말. 나쁜 일이 있어도 최악의 경우를 생각하면 체념할 수 있다.

物(もの)も言(い)いようで角(かど)が立(た)つ

말도 말투로 모가 난다

같은 말이라도 말하기에 따라서는 남의 감정을 해친다. 말의 표현을 주의하라는 비유. ⚫ 말은 할 탓이라.

木綿布子に紅絹の裏
もめんぬのこ　もみ　うら

무명 솜옷에 홍견의 안감

격에 맞지 않는다는 뜻. ⚫ 거적문에 돌쩌귀.

桃栗三年柿八年
ももくりさんねんかきはちねん

복숭아·밤은 삼 년, 감은 팔 년

복숭아와 밤은 싹이 나온 뒤 삼 년, 감은 팔 년이 되어야 열매가 열린다는 말로, 물건이 완성되기에는 그런 대로의 연월이 필요하다는 뜻.

貰い物に苦情
もらいものにくじょう

얻은 물건에 불평

세상에는 멋대로 하는 사람이 있고, 남에게 얻은 물건이라도 이것저것 불만을 호소하고 지나치게 욕심을 부리는 것을 말함.

貰う物は夏も小袖
もらうものはなつもこそで

얻는 것이라면 여름에도 솜옷

남에게 거저 얻는 것이라면 계절의 것이 아니라도 좋다는 말로, 거저라면 무엇이든지 좋다는 뜻. 🈯 공것이라면 양잿물도 들고 마신다.

両刃の剣 (もろばのつるぎ)

양날의 칼

칼날이 양쪽으로 난 칼은 사람을 벨 수도 있으나, 때로는 자기를 다칠 우려도 있다는 말.

門前市を成す (もんぜんいちをなす)

문전성시

어떤 집 문에 출입하는 사람이 매우 많다는 뜻. 🈯 문정약시(門庭若市).

門前雀羅を張る (もんぜんじゃくらをはる)

문 앞에 새그물을 친다

찾는 이가 없어 문전에 참새 그물을 칠 정도로 쓸쓸함의 비유. 작라(雀羅)는 참새를 잡는 그물.

門前の小僧習わぬ經を讀む

문 앞의 가겟집 사환이 배우지 않은 경문을 왼다

어떤 일을 항상 보고 들으면 무의식중에 그것을 외게 된다는 말. 🅟 서당 개 삼 년에 풍월(風月)한다. 산 까마귀 염불 한다.

焼餅焼くとて手を焼くな
떡을 굽더라도 손은 데지 말라

질투하는 것도 좋으나 지나쳐서 재화를 자초하지 않도록 조심해야 된다는 말. 떡을 굽는다는 것은 질투하는 것을 말함.

役人と木端は立てるほどよい
벼슬아치와 나무때기는 치세울수록 좋다

나무 부스러기는 세우면 잘 타는 것과 같이, 벼슬아치도 추어주면 그것으로써 난 체하고 좋아한다는 말. 쓸모없는 시시한 관리를 '木端役人'이라고 함.

薬籠中の物
약상자 속의 물건

언제든지 필요할 때 쓸 수 있는 물건이나 사람을 이르

는 말. ❀ 낭중취물(囊中取物). 약롱중물(藥籠中物).

焼け跡の釘拾い
불탄 자리에서 못 줍기

유흥에 큰돈을 뿌린 뒤 자질구레한 지출을 절약하는 것을 비유한 것. ❀ 노적가리에 불지르고 싸라기 주워 먹는다.

焼け石に水
불에 달구어진 돌에 물

아무리 손을 써도 아무 효력을 나타내지 못함을 이르는 말. ❀ 언 발에 오줌 누기. 한강투석(漢江投石).

焼けた脛から毛は生えぬ
화상 입은 정강이에서는 털이 나지 않는다

뿌리 마르면 나뭇가지와 잎은 번성하지 않는다는 비유.

火傷火におじる
불에 덴 사람 불을 두려워한다

무엇에 한 번 몹시 놀란 사람은 그것을 잊어버릴 수 없고, 지나치게 두려워함을 이르는 말. 🅟 국에 덴 놈 물 보고도 분다.

焼木杙.は火がつき易い
타다 남은 말뚝에는 불이 붙기 쉽다

한 번 탔던 나무는 불이 붙기 쉽다는 데서, 전에 관계가 있던 남녀는 한 번 인연이 끊어졌다가도 다시 본래의 관계로 되돌아가기 쉽다는 것을 이르는 말.

夜食過ぎての牡丹餅
밤참 먹은 후의 팥떡

시기가 지나서 가치가 떨어지는 것을 비유함. 저녁밥을 먹은 후 팥떡을 받아도 배가 부르니, 달갑지 않다는 말. 🅟 비지 먹은 배는 약과도 싫다 한다.

安かろう悪かろう
싼 게 나쁠 것이지

값이 싸니까 물건의 질도 나쁠 것이다. 값의 고하(高下)로 선악을 판단한다는 말. 🅟 싼 것이 비지떡.

安物買いの銭失い

싸구려 물건을 사서 돈만 버린다

싼 것을 사면 물건의 질이 나빠서 돈만 없어지는 결과가 된다는 말. ❀ 눅은 데 패가한다.

痩せ腕にも骨

여윈 팔에도 뼈

약한 사람이라도 그런 대로의 고집이나 생각이 있으니 멸시해서는 안 된다는 말. ❀ 미꾸라지 속에도 부레풀은 있다.

痩馬に重荷

여윈 말에 무거운 짐

힘에 겨운 큰일이라는 비유. ❀ 보지 못하는 소 멍에가 아홉.

痩馬の道いそぎ

야윈 말이 길을 재촉한다

몸 약한 사람이 해내지도 못하면서 일을 많이 하려고 애쓰는 것을 말함. ❀ 야윈 말이 짐 탐한다. 약마복중(弱

馬卜重).

瘦馬の行先は草まで枯れる
야윈 말이 가는 데는 풀까지 마른다

가난한 사람이 욕심 많고 조금도 여유가 없다는 비유.
㈜ 약질 목통에 장골 셋 떨어진다.

瘦馬 鞭を恐れず
여윈 말은 채찍을 겁내지 않는다

혹사당한 말은 주인의 명령을 듣지 않게 되는 것과 같이, 사용인을 부릴 때에는 애정으로써 대해야 한다는 말.
㈜ 사흘 굶은 개는 몽둥이를 맞아도 좋다고 한다.

瘦せの大食い
말라깽이 밥 많이 먹는다

몸이 여위어서 그다지 먹을 수 없을 것같이 보이는 사람이 의외로 대식가라는 것을 비웃는 말. ㈜ 개냐란 쪽박에 밥 많이 담긴다.

柳に雪折れなし
버드나무에 눈 쌓여 부러질까

　부드러운 것은 단단한 것보다 도리어 잘 견딘다. 부드러운 가운데 힘이 있다는 말. 參 쭈그렁 밤송이 삼 년 간다.

藪から棒
덤불에서 몽둥이

　덤불에서 돌연히 몽둥이가 쑥 나온다는 말로, 뜻하지 않은 사태가 발생하거나 그런 경우를 당한다는 비유. 參 아닌밤중에 홍두깨.

柳の下の泥鰌
버드나무 밑의 미꾸라지

　버드나무 밑에서 한 번 미꾸라지를 잡았다 해도 늘 거기에 있지 않는다는 말. 일시의 우연한 요행을 가지고 매양 그런 요행이 있기를 바라는 어리석음을 이름. 參 장마다 망둥이 날까.

柳は緑花は紅
버드나무는 초록빛 꽃은 주홍색

자연의 있는 그대로란 말로, 당연한 일. 봄의 경치의 아름다움을 말한 것. 모든 일은 제각기 특색이 있다는 말.

矢(や)はすでに放(はな)たれた

화살은 이미 떠났다

이미 시작한 것은 도중에서 중지시키기란 어렵다는 뜻. [參] 벌인 춤이라.

破(やぶ)れ靴(ぐつ)を棄(す)てるよう

헤진 신발 버리듯

애석한 마음이 조금도 없다는 비유. [參] 헌 신같이 버린다. 헌 신짝 벗어 내던지듯.

破(やぶ)れても小袖(こそで)

찢어져도 솜옷

그 본바탕이 좋은 것은 아무리 낡고 헐어도 그 볼품을 지니고 있다는 말. [參] 누덕누덕 기워도 마누리 장옷.

藪(やぶ)をつついて蛇(へび)を出(だ)す

덤불을 쑤셔서 뱀을 나오게 한다

공연히 쓸데없는 짓을 하여 화를 불러일으킨다는 말. ㉾ 긁어 부스럼.

病膏盲に入る
병이 고항에 들었다

병이 몸의 가장 깊은 곳까지 들었다 함은 고치기 어려운 무거운 병이라는 뜻. 버릇, 취미 등이 고칠 수 없을 정도로 나빠진다는 말.

病は口より入り禍は口より出ず
병은 입으로 들어가고 화는 입에서 나온다

병은 음식물에서 생기고, 화는 말을 삼가지 않는 데서 생긴다는 말.

病は治るが癖は治らぬ
병은 고칠 수 있어도 버릇은 고칠 수 없다

한 번 든 나쁜 버릇은 여간해서 고치기 어렵다는 말. ㉾ 제 버릇 개 못 준다.

山高きが故に貴からず
산은 높기 때문에 귀한 것이 아니다

사물은 겉보기보다도 실질이 중요하다는 말. 나무가 있음으로써 귀한 것이다.

山高ければ谷深し
산이 높으면 골이 깊다

주가(株價)가 오른 뒤에는 폭락이 있다는 말. ※ 산이 커야 골이 깊지.

山に躓かずして垤に躓く
산에서는 안 넘어지고 개미총에 넘어진다

큰일에는 조심하는 고로 좀처럼 실패하지 않으나, 작은 일에는 방심하므로 실패하기 쉽다는 말.

山を舟に乗るよう
산에서 배를 타는 격

무리한 일 또는 이치에 닿지 않는 일을 이름. ※ 산에서 물고기 잡기.

山の芋が鰻になる
참마가 뱀장어가 된다

있을 수 없는 일이 세상에는 있는 경우가 있다는 뜻. 또는 사물이 큰 변화를 일으킨다는 뜻으로도 쓰임. ❽ 해가 서쪽에서 뜬다.

山の事はきこりに問え
산에 관하여서는 나무꾼에게 물어라

무엇이든지 전문가에게 상의하는 것이 상책이라는 말. ❽ 산중 놈은 도끼질, 야지 놈은 괭이질.

山見えぬに坂を言う
산 안 보이는데 고개 이야기

산이 아직 멀리 있는데 고개 넘을 염려를 한다는 말. ❽ 서울이 낭이라는 말을 듣고 삼십 리부터 긴다.

山より大きな猪は出ぬ
산보다 큰 멧돼지는 안 난다

아무리 크다고 한들, 크기란 물건에 따라 정도가 있다는 것을 이르는 말. ❽ 어린아이 자지가 크면 얼마나 클까.

闇の夜に灯火を失う
깜깜한 밤에 등불을 잃어버린다

의지할 것을 잃어서 앞으로 어찌할 바를 모른다는 비유. ㊦ 막대 잃은 장님.

闇夜に烏雪に鷺
어두운 밤에 까마귀 눈에 해오라기

주위에 있는 것과 구별할 수 없는 것의 비유. 목표로 삼을 수 없다는 말.

闇夜の礫
깜깜한 밤에 팔매질

아무리 돌멩이를 던져도 맞지 않음을 말한 것. 또는 효력이 없음의 뜻. ㊦ 소경 팔매질하듯.

闇夜の錦
어두운 밤의 비단옷

헛수고로 끝남을 이르는 비유. ㊦ 비단옷 입고 밤길 가기.

病む身より見る目
앓는 몸보다도 보는 눈

병을 앓고 누워 있는 사람보다도 옆에서 간호하는 사람이 더욱 괴롭다는 말.

有終の美
유종의 미

마지막 결과가 훌륭히 이루어짐을 말함. 유종의 미를 거두다.

勇将の下に弱卒なし
용장 밑에 약졸 없다

용감한 장수가 통솔하는 부하는 그 감화를 받아서 용감하게 되므로 약졸은 없다는 말.

夕立は馬の背を分ける
소나기는 말등을 가른다

소나기는 말등 하나를 경계로 이쪽에는 내리고 저쪽에는 안 내린다는 말이니, 소나기가 오는 구역이 극히 좁다는 비유. ㉾오뉴월 소나기는 쇠등을 두고 다툰다.

夕焼けに鎌をとげ
저녁놀에 낫을 갈아라

저녁놀이 지면 그 이튿날은 하늘이 갤 것이니, 낫을 갈아서 풀·벼 베기할 준비를 해 놓으라는 말.

行き掛けの駄賃
빈 말로 가는 김에 실어다 주는 짐삯

어떤 일을 하는 김에 다른 일을 함의 비유. 하는 김에 곁들여서 처리함. ㉾활을 당기어 콧물을 씻는다.

行き大名の歸り乞食
갈 때는 大名 돌아올 때는 거지

여행 등에서 갈 때는 大名와 같이 호화롭게 돈을 쓰고, 돌아올 때는 거지와 같은 꼴이 되어서 몹시 곤란함의 비유. 大名이란 것은 江戶時代에 봉록이 1만 석 이상인 무가(武家)를 말함.

雪と墨
눈과 먹

정반대의 일의 비유. 전혀 다르다는 뜻. [參]하늘과 땅.

雪と欲は積るほど道を忘れる

눈과 욕심은 쌓일수록 길을 잊어버린다

지나치게 욕심을 부리게 되면 비도한 짓이라도 못된 짓이라고는 여기지 않게 된다는 말. 사람은 돈이 모이면 도리어 탐낸다는 말. [參]재떨이와 부자는 모일수록 더럽다.

雪の明日は裸虫の洗濯

눈 온 뒷날은 가난뱅이의 빨래

눈 온 뒷날은 맑고 따뜻하게 된다고 하니, 옷이 적은 가난한 사람이라도 빨래한다는 말. 裸虫은 가난하고 옷이 없는 사람을 이르는 말. [參]눈 온 뒷날은 거지가 빨래를 한다.

雪の上に霜

눈 위에 서리

韓國에서는, 설상가상(雪上加霜)은 불행한 일이 거듭하여 생겼다는 의미로 해석하고 있으나, 日本에서는 남아돌아갈 만큼 있는 데에 더 여분을 덧붙이는 것을 말함. 쓸데없는 노력의 비유. ㉠뇌성(雷聲)에 벽력.

雪は豊年の瑞
눈은 풍년의 징조

눈이 많이 오는 해는 풍년이 온다는 속전.

雪や氷も元は水
눈이나 얼음이나 본시는 물

본시는 같은 것이라도 환경이나 사정의 차이로 다른 것이 되는 것을 말함.

行く馬に鞭
닫는 말에 채찍질

지금 하고 있는 그만한 정도로도 족한 것을 더욱 잘 하기를 재촉한다는 말. ㉠주마가편(走馬加鞭).

油斷大敵
방심은 가장 무서운 적

방심하면 큰 실패를 보므로, 항상 충분히 주의하라는 말. ㉠방바닥에서 낙상한다.

油断は怪我のもと
방심은 실수의 근원

마음을 놓는데서 실수가 생기는 것이니, 항상 조심하라는 말. ㊅ 장판 방에서 자빠진다.

指汚しとて切られもせず
손가락이 더럽다고 끊을 수 없다

아무리 더러워도 자기에 속한 것이면 어쩔 수 없다는 말. ㊅ 항문이 더럽다고 도려 버릴 수 있느냐.

指を惜しんで掌を失う
손가락 아끼다가 손바닥 잃는다

작은 것을 아끼다가 큰 손해를 받게 되는 것을 말함. ㊅ 좁쌀만큼 아끼다가 담돌만큼 해 본다. 기와 한 장 아끼다가 대들보 썩힌다.

指を以て沸けるを燒す
손가락으로 열탕을 휘젓는다

손해가 있을 뿐, 아무리 하여도 보람이 없다는 말. ㊅ 달걀로 성 치기.

弓折れ矢尽く
활은 부러지고 화살은 떨어진다

싸움에 져서 처참한 상태가 되었다는 비유. 모든 힘이 다하여 어찌할 도리가 없이 되었다는 비유.

弓と弦
활과 시위

지름길과 멀리 돌아가는 길의 차이를 말함. 활은 구부러진 모양이나 시위는 직선이라는 말.

弓も引き方
활도 당길 탓

활도 당기는 방법에 따라 과녁에 맞을 때도 있고 빗나갈 때도 있다는 비유. ⑳ 길은 갈 탓, 말은 할 탓.

夢に金を拾う
꿈속에서 돈을 줍는다

꿈에서 깨어나면 덧없다는 비유. 욕심이 많고 천한 마음을 형용한 것. ⑳ 꿈에 본 돈이다. 꿈에 얻은 돈.

夢のまた夢
꿈속의 꿈

현실과 거리가 먼 덧없는 일을 말함.

夢は逆夢
꿈은 역몽

꿈은 실제의 사실과는 반대로 되는 것이니, 나쁜 꿈을 꾸어도 개의치 말라는 말. 악몽을 꾸었을 때에 위로(慰勞)로 하는 말.

夢は判じがら
꿈은 해몽할 탓

꿈은 해몽에 따라 길몽이 될 때도 있고 흉몽이 될 때도 있다는 말. ❀꿈보다 해몽이 좋다.

湯を沸かして水にする
물 데워서 찬물이 되게 한다

모처럼 수고한 것이 헛수고로 끝나는 것을 말함. 아무 효과가 나지 않음을 이르는 말.

よ

宵っ張りの朝寝坊
늦잠 자는 잠꾸러기

 밤에는 늦게까지 안 자고 아침 잠이 많은 사람을 이르는 말.

酔いどれ怪我せず
술주정꾼 다치지 않는다

 자기를 잊어버리고 무심한 자는 도리어 치명적인 실패는 하지 않는다는 말. 參 취객이 외나무다리 잘 건넌다.

善いも惡いも世の習い
좋으나 나쁘나 다 세상사

 팔자의 선악, 사람의 성쇠는 인력으로는 어찌할 도리가 없다는 말. 參 잘 살아도 내 팔자요, 못 살아도 내 팔자.

よい花は後から
좋은 꽃은 나중에

처음에 나오는 것은 좋지 않다는 말. 나쁜 풀은 빨리 자란다. ❸못 먹는 버섯은 삼월부터 난다.

養生に身が瘦せる
양생으로 몸이 수척해진다

섭생하려고 애쓰면 도리어 몸이 수척해진다는 말.

用心に怪我なし
조심하면 다치지 않는다

잘 주의하면 실패할 것은 없다는 말. ❸유비무환(有備無患)

羊頭狗肉
양두구육

내어 걸기는 양의 머리요, 팔기는 개고기로 한다 함이니, 겉으로는 훌륭하게 내세우나, 속은 변변치 않음의 비유. 속과 겉이 일치하지 못하다는 뜻. ❸양질호피(羊質虎皮).

398 …ようを

酔うを惡みて酒を強う

취하는 것을 마다하면서도 굳이 술을 마신다

마음가짐과 실행이 전연 같지 않음을 비유해서 하는 말. 參 술과 안주를 보면 맹세도 잊는다.

良きも惡しきも七十五日

좋은 일이든 궂은 일이든 두 달 반

세상 소문에 올라도 세월이 지나가면 잊게 마련이라는 뜻. 參 남의 말도 석 달.

善く泳ぐ者は溺れる

헤엄 잘 치는 놈이 물에 빠진다

사람은 흔히 자기가 가장 자신 있는 일에는 방심하기 쉬우니, 도리어 실패도 많다는 비유. 參 나무에 잘 오르는 놈이 떨어지고, 헤엄 잘 치는 놈이 빠져 죽는다.

欲と二人連れ

욕심과 둘이 동행

욕심에 끌려서 노력하는 일을 말함.

欲(よく)に頂(いただき)なし

욕심에는 꼭대기가 없다

사람의 욕심에는 한정이 없다는 말. [參] 말 위에 말을 얹는다.

欲(よく)の桶(おけ)には底無(そこな)し

욕심의 통에는 밑바닥이 없다

사람의 욕심을 밑바닥 없는 통으로 비유한 것. [參] 되면 더 되고 싶다.

欲(よく)は身(み)を失(うしな)う

욕심은 자기 몸을 망친다

욕심은 일신의 파멸을 초래하는 원인이 된다는 말. [參] 허욕이 사람 죽인다.

欲深(よくふか)き鷹(たか)は爪(つめ)の裂(さ)くるを知(し)らず

욕심 많은 매는 발톱이 찢어지는 것도 모른다

허욕은 몸을 해치는 것이라는 말. [參] 허욕이 패가라.

欲深者(よくふかもの)は頭禿(あたまは)げ易(やす)し

욕심장이는 머리가 벗어지기 쉽다

공것 바라지 말라는 뜻. [參] 공것 바라면 이마가 벗어진다.

横紙(よこがみ)さく如(ごと)し

종이를 가로 찢는 것 같다

사리, 관습에 벗어난 일을 억지로 하려 함을 이르는 말. 재래의 日本 종이는 가로로는 잘 찢어지지 않으므로 나온 말.

横車(よこぐるま)を押(お)す

수레를 옆으로 민다

무리인 줄 알면서 자기 주장을 고집하고 도리에 어긋나는 짓이나 억지를 쓰는 것을 이르는 말.

横槍(よこやり)を入(い)れる

옆에서 창을 찌른다

제삼자가 곁에서 말참견하는 것을 말함. 관계 없는 일에 간섭하다.

葦の髄から天井のぞく
갈대 속으로 천장을 본다

자기 좁은 견식으로 사물의 전체를 마음대로 판단함을 이르는 말. 參 대 구멍으로 하늘을 본다. 우물 안의 개구리.

余所の内儀は美しく見える
남의 아내는 예쁘게 보인다

여러 가지 점에서 남의 것은 좋아 보인다는 말. 參 밤 쌀 보기. 남의 계집 보기.

淀む水には芥たまる
괸 물에는 먼지가 괸다

괸 물에는 먼지가 끼어 물이 썩듯이, 새로운 사람이나 공기를 바꾸어 넣지 않으면 부패하게 된다는 말. 參 흐르는 물은 썩지 않는다.

世は様様
세상은 가지각색

이 세상은 사람도 사건도 천차만별인데, 뜻하지 않은

결과가 생기는 것이 많다는 말. ㊾ 어중이 떠중이.

世は柳で暮らせ
세상은 버드나무처럼 살아라

 이 세상에서 생활함에는 버드나무 바람처럼 받아넘기고 순순히 복종하면 아무 탈이 없다는 비유. ㊾ 바람부는 대로, 물결치는 대로.

呼ぶより謗れ
부르느니 욕하라

 남의 말을 하면 그 당사자가 나타나는 경우가 많으니, 이런 말이 생겼다고 함. ㊾ 범도 제 소리 하면 오고, 사람도 제 말하면 온다.

夜道に日は暮れぬ
밤길에 날은 저물지 않는다

 밝은 동안이면 어둡기 전에 길을 재촉하는 것도 좋으나, 이미 늦어서 밤이 되었다면 당황할 필요가 없다는 말.

嫁が姑になる
며느리가 시어미 된다

세월은 빨리 지나가고, 사람은 늙기 쉽다는 말. [參] 며느리 늙어 시어미 된다.

夜目(よめ), 遠目(とおめ), 笠(かさ)の内(うち)

밤눈 먼눈 삿갓의 안

여자의 용색은 밤눈이나 먼눈으로 바라보거나, 삿갓을 쓰고 있는 여인을 보면 얼굴이 실제보다 돋보인다는 뜻.

嫁(よめ)と厠(かわや)は遠(とお)いほどよい

며느리와 뒷간은 멀수록 좋다

구린내 나는 뒷간과 말이 많은 친정은 먼 데 있는 것이 좋다는 말. [參] 뒷간과 사돈집은 멀어야 한다.

嫁(よめ)となれば膝頭(ひざがしら)でも憎(にく)い

며느리라면 무릎까지 밉다

달잡을 것이 없는데 공연히 트집을 잡아서 억지로 허물을 지어낸다는 뜻. [參] 며느리가 미우면 발뒤축이 달걀 같다고 나무란다.

夜目(よめ)には牛(うし)の尾(お)も白(しろ)い

밤눈에는 쇠꼬리도 희다

어둠 속에서 보면 무엇이든지 분별하기 어렵다는 비유. 목격자의 증언이라도 어둠 속에서 본 것은 믿을 수 없다는 말.

嫁^{よめ}は来^きたときに仕^し込^こめ

며느리는 시집왔을 때에 가르쳐라

신부를 휘어잡으려면 다홍치마를 입은 새색시 적에 버릇을 잘 가르쳐야 한다는 말. ㊂ 색시 그루는 다홍치마 적에 앉혀야 한다.

嫁^{よめ}は憎^{にく}いが孫^{まご}は可愛^{かわい}い

며느리는 미우나 손자는 귀엽다

시어머니의 심정을 말한 것. ㊂ 며느리가 미우면 손자까지 밉다.

嫁^{よめ}を取^とれば可愛子^{かわいご}も憎^{にく}くなる

며느리를 보게 되면 귀여운 자식도 미워진다

며느리를 미워한 나머지 그의 남편인 제 아들까지 미워한다는 말. ㊂ 중이 미우면 가사도 밉다.

嫁を憎かば我が子を思え
며느리가 미우면 내 딸을 생각해라

제 딸이 시가에서 고생하는 것을 생각하면 자기 집 며느리를 구박할 리는 없다는 말.

嫁を貰えば親を貰え
며느리를 얻으려면 어버이를 얻어라

어버이의 사람 됨됨이를 보고 그 딸을 며느리로 삼으면 틀림이 없다는 말.

寄らば大樹の陰
의지하려면 큰 나무의 그늘

이왕 의지하려면 탄탄한 사람에게 기대라는 뜻. ❋ 금강산 그늘이 관동 팔십리. 나무는 큰 나무 덕을 못 보아도, 사람은 큰 사람의 덕을 본다.

夜, 家の中で口笛を吹くな
밤에 집 안에서 휘파람을 불지 말라

밤에 휘파람을 불면 도둑이 온다고 하여 이르는 말. ❋ 밤에 휘파람을 불면 도둑놈이 온다.

406 … よれ

選(よ)れば選(よ)り屑(くず)

고르면 고른 찌기

무엇을 너무 고르면 오히려 나쁜 것을 고르게 된다는 뜻. 參 너무 고르다가 눈먼 사위 얻는다.

弱牛(よわうし)の尻押(しりお)し

약한 소의 뒷받침

하찮은 사람의 뒤는 밀어주어도 쓸데없음을 이르는 말.

弱(よわ)り目(め)に祟(たた)り目(め)

곤란을 당한 때에 앙얼을 입는다

재앙이나 불행이 겹쳐서 닥친다는 뜻. 죽어라 죽어라 하는 처지. 參 엎친 데 덮치기. 돌림병에 까마귀 소리.

世(よ)を捨(す)つれど身(み)を捨(す)てず

세상을 버렸으나 몸은 버리지 않는다

목숨만큼 아까운 것은 없다는 말.

ら

来年の事を言えば鬼が笑う
내년의 일을 말하면 귀신이 웃는다

미래의 일은 누구라도 알 수가 없으며, 따라서 장담하여 말하면 사람의 운명을 좌우할 수 있는 귀신이 어리석은 놈이라고 웃는다는 말. 생마 갈기 외로 질지 바로 질지.

楽あれば苦あり
낙이 있으면 괴로움도 있다

편안하게 놀고 있으면 나중에 고생한다는 말. 홍진비래(興盡悲來). 고진감래(苦盡甘來). 고생 끝에 낙이 온다.

楽は身に覚えず
낙은 기억되지 않는다

고통은 몸에 사무치나 안락은 모르는 사이에 지나가는 것이라는 비유.

落花枝に帰らず
떨어진 꽃은 다시 가지에 오르기 어렵다

한 번 파멸한 사물이 원상으로 복귀하지는 못한다는 비유. 한 번 깨어진 남녀 사이는 다시 되돌릴 수 없다. 參 엎지른 물. 낙화난상지(落花難上枝).

落花流水の情
낙화유수의 정

낙화에는 유수에 따라 흐르고 싶은 마음이 있으며, 유수에는 낙화를 실어 흐르고 싶은 마음이 있다는 말. 남녀가 서로 사모하는 정이 있다는 비유.

洛陽の紙價を高める
낙양의 지가를 높인다

책의 판매 상황이 매우 좋은 것을 말함. 중국 晋의 左思가 「三都賦」를 냈을 때, 사람들이 다투어 그것을 베껴 낙양의 종이 값이 올랐다는 고사에서.

らっきょう食うて口をぬぐう
염교를 먹고 입을 씻는다

일단 저지른 못된 짓을 모른 체하고 숨기려 해도 이윽고 발각되는 것을 이르는 말. [參] 입 씻는다.

り

理屈上手の行い下手
핑계 잘 대는 자 실행은 서투르다

말만 늘어놓고 일은 도무지 안한다는 말. 參 말이 앞서지, 일이 앞서는 사람 본 일 없다.

理屈と膏薬は何處へでも付く
핑계와 고약은 어디든지 붙일 수 있다

억지로 이론을 합리화시키려면 얼마든지 할 수 있다는 뜻. 參 처녀가 애를 낳아도 할 말이 있다.

律儀は阿呆の唐名
성실 정직은 바보의 이명(異名)

성실하고 정직한 사람이라고 하면 듣기 좋으나, 약삭빠르지 않는 것은 바보와 다름이 없다. 너무 고지식한 사람을 비웃는 말.

律儀者の子沢山
성실한 사람 자식이 많다

성실하고 정직한 사람은 품행이 방정하고 가정이 원만하기 때문에 자식도 많다는 뜻. ❀ 가난한 집에 자식이 많다.

理に勝って非に落ちる
이치로는 이기면서 실제에 있어서는 진다

도리만으로 세상을 사는 것이 아니라 인간의 정(情)도 중요시해야 한다는 비유. 도리가 현실에는 통용되지 않는 경우가 있다는 비유.

離別の後の悋気
이혼 뒤의 질투

이혼하고 남이 된 상대편의 정사(情事)를 질투하는 것은 이치에 맞지 않고 우스운 일이나, 인정이란 것은 그런 것이라는 말.

竜の鬚を蟻がねらう
용의 수염을 개미가 노린다

제 힘으로 당하지 못할 것을 생각지 않고 대적해 맞섬을 이름. 参 당랑지부(螳螂之斧).

竜の鬚を撫で虎の尾を踏む

용의 수염을 어루만지고, 범의 꼬리를 밟는다

감히 위험을 무릅쓰는 것을 비유함. 参 칼 물고 뜀뛰기.

竜馬の躓き

용마의 차질(蹉跌)

뛰어난 준마라도 때로는 발을 헛디디어 넘어지는 일이 있다는 말로, 어떤 사람이라도 실패는 있다는 비유. 参 항우도 낙상할 적이 있고, 소진도 망발할 적이 있다.

良禽は木を選ぶ

영리한 새는 나무를 가린다

유능한 사람은 모시는 주인을 고른다는 비유. 参 새도 가지를 가려 앉는다.

良賈は深く蔵して虚しきが如し

양상은 깊이 간직하고 없는 것처럼 한다

장사를 잘 하는 상인은 좋은 물건을 밖에 너절하게 벌리지 않고 깊이 간직한다 함이니, 진실로 훌륭한 사람은 그가 가진 지식이나 덕을 경솔히 자랑하지 않는다는 뜻. [參] 물이 깊을수록 소리가 없다. 양고(良賈)는 심장(深藏)한다.

両手(りょうて)に花(はな)

양손에 꽃

두 개의 좋은 것을 독차지함의 비유. 韓國 속담의 "두 손에 떡"은 두 가지 일이 똑같이 있는데, 무엇부터 먼저 해야 할지 모를 경우를 이르는 말인데, 약간 의미가 다르다. [參] 양수집병(兩手執餠). 누이 좋고 매부 좋다. 명찰에 절승.

両方(りょうほう)聞(き)いて下知(げち)をなせ

양편 말을 듣고 판결을 내려라

양편의 말을 잘 듣고 올바른 판결을 내려야 한다는 말. [參] 한 편 말만 듣고 송사 못한다.

良薬(りょうやく)は口(くち)に苦(にが)し

양약은 입에 쓰다

자기에게 좋은 충고는 듣기는 싫지만, 그것이 결과적으로는 이롭다는 비유. ❀ 꿀도 약이라면 쓰다. 충언은 역어이(忠言 逆於耳).

両雄ならび立たず
양웅은 병립할 수 없다

세력이 비슷한 두 영웅이 싸우게 되면, 한쪽은 반드시 넘어지기 마련이다.

悋氣は女の七つ道具
질투는 여자의 일곱 가지 도구

질투는 여자가 지니고 다니는 유력한 무기라는 말. 남자도 이 무기에는 항복할 수밖에 없다. 일곱 가지 도구란 옛적의 무신들이 쓰던 일곱 가지 도구. 또 여자가 가지고 다니던 일곱 가지 도구는 가위·주머니칼·바늘·귀이개·족집게·실패·숟가락을 말함.

[る]

類(るい)は友(とも)を呼(よ)ぶ

유(類)는 벗을 부른다

비슷한 사람끼리는 자연히 모인다는 말. 동류(同類)는 상합(相合)한다. [參] 유유상종(類類相從).

累卵(るいらん)の危機(きき)

누란의 위기

매우 불안정하고 위태로운 상태를 이르는 말. [參] 누기(累棊).

留守見舞(るすみまい)は間遠(まどお)にせよ

남편이 출타한 집의 문안은 자주 하지 말라

남편이 출타한 집을 너무 자주 문안하면, 남의 오해를 살 우려가 있다는 말.

瑠璃は脆し

유리는 깨어지기 쉽다

아름답고 훌륭한 것은 상하기 쉽다는 말. 예쁜 여성일수록 그 아름다움은 깨어지기 쉬운 법인데, 경미한 감기라도 걸리면 병자처럼 되어 곧 두드러지는 것이라는 말. ㊊유리와 처녀는 깨어지기 쉽다.

瑠璃も玻璃も照せば光る

유리도 파리도 비추면 빛난다

훌륭한 사람은 시시한 사람 가운데 있어도 즉시 알아낼 수 있다는 말. 뛰어난 재능이 있더라도 노력하고 자기를 닦지 않으면 훌륭하게 되지 않는다는 말. ㊊옥은 쪼지 않으면 그릇을 이루지 못한다.

[れ]

礼儀(れいぎ)は下(した)から慈悲(じひ)は上(うえ)から

예의는 아래에서 자비는 위에서

아랫사람은 예의를 두텁게 하여 웃사람을 섬기고, 웃사람은 자비스럽게 아랫사람에게 대해야 한다는 말. [參]내리사랑은 있어도 치사랑은 없다. 사랑은 내리 사랑.

礼儀(れいぎ)は富足(ふそく)に生(しょう)ず

예의는 풍족에서 생긴다

사람이 넉넉하여야 예절을 차리고 인사를 차릴 수 있다는 말. 의식이 풍족한 다음에야 예절을 차리게 된다. [參]의시족즉지영욕(衣食足則知榮辱). 먹어야 체면.

礼(れい)も過(す)ぎれば無礼(ぶれい)になる

예의도 지나치면 무례가 된다

필요 이상으로 지나치게 정중히 예의를 차리면 도리어

상대방을 모욕하는 결과가 된다는 말. 겉으로는 정중하나 실은 무례함.

連木で重箱洗う
절굿공이로 찬합을 씻는다

절굿공이로는 찬합의 구석구석까지는 씻을 도리가 없으니, 자연히 조잡하게 된다는 말. 극히 조잡하다는 말.

連木で門掃く
절굿공이로 문간을 쓴다

갑자기 오신 손님을 매우 당황해서 맞아 들이는 꼴을 이르는 말.

ろ

老少不定 (ろうしょうふじょう)
노소부정

인간의 생명은 연령의 노소에 관계가 없다는 말. ㊅ 죽음에 들어 노소 있나.

蠟燭は身を減らして人を照す (ろうそくはみをへらしてひとをてらす)
양초는 몸을 줄여 가면서 사람을 비춘다

자기를 희생시키면서 남의 행복을 위해 힘을 다하는 것을 말함.

隴を得て蜀を望む (ろうをえてしょくをのぞむ)
농(隴)을 얻어 촉(蜀)을 넘낸다

사람의 욕심은 끝이 없다는 말. 한(漢)나라 무제(武帝)가 농(隴)을 얻은 다음에 다시 촉(蜀)나라를 치려 했다는

옛 일에서 나온 말. ㉠ 말 타면 경마 잡히고 싶다. 득롱망촉. (得隴望蜀)

六月に火桶を売る
ろくがつ　ひ おけ　う

유월에 화로를 판다

시절에 어울리지 않는 것이라는 비유. ㉠ 추풍선(秋風扇).

六月の鱚は繪にかいたのでも食え
ろくがつ　きす　え　　　　　　　　　く

유월의 보리멸은 그림에 그린 것이라도 먹어라

음력 유월의 보리멸은 맛이 으뜸가는 것이라는 말. ㉠ 봄 조개, 가을 낙지.

六月無礼
ろくがつ ぶ れい

유월 무례

더위 심한 여름에는 복장이 흩어져도 할 수 없다는 말. ㉠ 여름 살은 풋살.

六十の手習い
ろくじゅう　て なら

예순 살의 습자

나이가 든 뒤에 공부함을 이르는 말.

六十年は暮せど六十日を暮しかぬ

육십 년은 살아도 육십 일을 살기는 어렵다

아무리 노력해도 돈을 마련할 수 없다는 비유. 돈을 위해 고생하는 것은 참 고통스럽다는 말. 육십 일은 어음의 기한을 말함.

驢に騎りて驢を覓む

당나귀 타고 당나귀 찾는다

가까운 데 있는 것을 모르고 다른 데 가서 그것을 찾음을 이름. [參] 업은 아이 삼 년 찾는다.

櫓を押して櫂は持たれぬ

노를 저으며 상앗대는 가질 수 없다

한꺼번에 혼자서 두 가지 일을 처리할 수 없다는 비유.

論語讀みの論語知らず

논어를 읽되 논어를 모른다

논어를 배우기는 했으나 그 속뜻을 모르거나, 실천할

줄 모른다는 말. [參] 수박 겉 핥기. 개 머루 먹듯.

論(ろん)より証拠(しょうこ)

의론보다 증거

입으로만 떠드는 논의보다 사실을 증명하는 증거가 더 확실하다는 뜻. 말보다 증거.

[わ]

我(わ)が家(いえ)の佛(ほとけ)尊(とうと)し

내 집 부처는 거룩하다

남의 말을 들어 주지 않고, 자기의 지론이나 애중하고 있는 것만을 소중히 여기는 것을 이르는 말. [參] 내 집 부처는 내가 위하여야 한다.

若(わか)い時(とき)の苦労(くろう)は買(か)うてもせよ

젊었을 적 고생은 돈을 주고 사랬다

젊어서 고생하면 귀중한 경험이 되는 것이니, 참고 달게 여기라는 말. [參] 초년 고생은 양식 지고 다니며 한다.

若(わか)い時(とき)は糠(ぬか)の崩(くず)るるもおかし

젊었을 때는 쌀겨가 무너지는 것도 우습다

젊은 아가씨는 무엇을 보든지 우습고 웃기만 하는 것이라는 말. [參] 비바리들은 말똥만 꿔어도 웃는다.

我が門で吠えぬ犬なし
제 집 앞에서 짖지 않는 개 없다

아무리 패기 없는 사나이라도 집 안에서는 뽐내는 것을 말함. ㉾ 횃대 밑 사내. 집 안 호랑이.

我が子自慢は親の常
자식 자랑은 어버이의 상사

어버이는 아무리 평범한 자식이라도 남에게 자랑하고 싶은 것이라는 말. ㉾ 자식 추기 반 미친놈, 계집 추기 온 미친놈.

我が田へ水を引く
내 논에 물 대기

자기에게만 유리하도록 일함을 이르는 말. ㉾ 아전인수(我田引水).

湧く泉にも水涸れ
솟아나는 샘에도 물 마를 때 있다

아무리 풍부한 것이라도 없어지는 때가 있다는 비유. ㉾ 강물도 쓰면 준다.

禍(わざわい)も三年(さんねん)たてば用(よう)に立(た)つ

화도 삼 년이 지나면 소용된다

화를 당해도 세월이 지나면 사정이 변하는 것을 비유함. [參] 화(禍)가 복(福)이 된다. 묵은 장 쓰듯.

渡(わた)りに船(ふね)

나루터에 마침 배

강을 건너려는데 마침 배가 있다는 말로, 뭘 하려는 때에 마침 좋은 수단이 우연히 발견됐다는 비유. [參] 안성마춤. 안장마춤.

渡(わた)る世間(せけん)に鬼(おに)はない

살아가는 세상에 못된 귀신은 없다

세상은 무정한 것 같지만, 친절하게 도와주는 사람도 있는 첬이다. [參] 사람 살 곳은 골골이 있다.

割(わ)った茶碗(ちゃわん)をついで見(み)る

깨뜨린 찻종을 붙여 보다

아무리 푸념해도 소용없으나, 언제까지나 미련을 남기는 비유. [參] 깨어진 그릇 맞추기. 죽은 자식 자지 만져 보기.

笑う門には福来たる
소문만복래(笑門萬福來)

명랑한 생활을 하는 가정에는 행복이 온다는 말.

破鍋にとじ蓋
깨어진 남비에 꿰맨 뚜껑

금이 간 남비에도 그에 어울리는 꿰맨 뚜껑이 있는 것과 같이, 어떤 사람에게든지 그에게 어울리는 배우자가 있다는 말. 參 짚신도 제 날이 좋다.

破物と小娘
깨어지기 쉬운 물건과 소녀

깨어지기 쉬운 물건과 처녀를 다루기에는 조심하여야 한다는 뜻. 參 유리와 처녀는 깨어지기 쉽다.

椀づくりの欠け椀
목기장이의 이지러진 목기

남의 일로 바빠서 자기 일까지는 어찌할 도리가 없다는 비유. 椀은 나무로 만든 그릇. 參 대장장이 집에 식칼이 논다.

한글 찾아보기

ㄱ

가까운 곳에 있는 손 쬐는 화로·216
가난뱅이 여가 없다 ………………312
가난한 놈이 재를 뿌리면 큰 바람이 분다 ……………………311
가난한 사람에게 자식이 많다 …311
가난한 절의 큰 대문 …………311
가난해지면 어리석어진다………311
가는 눈으로 길게 보라…………332
가려운 데에 손이 닿는다………104
가르침은 배움의 절반 ………… 74
가마꾼 가마를 타지 않는다…… 91
까마귀는 제 새끼가 제일 예쁘다고 여긴다…………………105
까마귀 백 번 씻어도 백로가 되지 않는다 ………………105
까마귀 울음 소리가 나쁘면 사람이 죽는다 ………………104
가마를 타는 사람, 메는 사람……………………………… 91
가마우지 흉내내는 까마귀 …… 56
가문 없어도 옥가마 …………… 51
가문·태생은 부끄러운 것 …… 50
가을 가지는 며느리에게 먹이지 말라………………………………… 11
가을 바람이 분다 ……………… 10
가을 해는 두레박 떨어뜨리듯이 진다………………………………… 12
가인 박명 ………………………… 93
가죽 한 겹 …………………………107
가지 끝에 닿지 않으면 홍시는 먹을 수 없다 ………………… 64

가지는 말라도 뿌리는 남는다… 65
가지를 잘라 뿌리를 말린다…… 65
가지 많은 나무가 바람 잘 날이 없다………………………………… 64
가지와 잎이 우거진 나무에는 열매가 적다 ………………………… 65
간난은 그대를 구슬로 만든다 …109
간다 간다 하면서 밑질김……… 32
갈 때는 大名 돌아올 때는 거지·390
갈대의 속으로 천정을 본다……401
감기는 백병의 근원 …………… 94
깜깜한 밤에 팔매질 ……………387
깜깜한 밤에 등불을 잃어버린다·386
감춰진 창피를 세상에 드러낸다·128
갓난아기의 손을 비틀 듯……… 10
강 건너의 싸움 …………………108
강 어귀에서 배를 부순다………107
강에 물을 나른다 ………………107
강이 넓으면 물고기도 크다……348
강풍에 재를 뿌린다 …………… 71
강풍이 분 그 이튿날은 쾌청한 날씨……………………………… 71
같은 배를 타면 서로 돕는다 …241
개구리 새끼는 개구리 ………… 87
개구리 얼굴에 물(을 끼얹는 격) ……………………………… 87
개는 사흘 기르면 삼년 은혜를 잊지 않는다 ………………… 42
개도 쏘다니면 몽둥이 맞는다 … 43
깨뜨린 찻종을 붙여 본다………425
개미 구멍으로 방축이 무너진다· 27
개미 모여서 나무를 뒤흔든다 … 27
개미새끼 하나 기어나갈 틈이

없다 ································ 28
개미의 생각도 하늘에 오른다 ··· 27
깨어지기 쉬운 물건과 소녀 ······426
개에게도 먹이지 않고 선반에도
　두지 않는다 ····················· 42
깨진 남비에 꿰맨 뚜껑···········426
갯장어도 일생 새우도 일생 ······296
거꾸로 매달아 흔들어도 코피밖에
　안 나온다 ······················151
거미줄로 돌을 매단다 ············126
거북의 등껍데기보다는 연공 ···103
거북의 수명을 학이 부러워
　한다 ······························103
거울은 여자의 영혼 ·············· 88
거지가 말 얻은 것 ···············143
거짓말도 방편이다 ··············· 54
거짓말에서 나온 진실 ············ 53
거짓말의 세상 ····················· 53
거짓말쟁이 처세가 능하다 ······ 53
걱정도 쓰라림도 먹은 뒤 이야
　기 ································· 47
걱정하기보다는 낳기가 쉽다 ··· 29
껌쇠 궁리 ·························· 93
건드리지 않는 벌은 쏘지
　않는다·····························156
걸식 사흘을 하면 잊어버릴 수가
　없다 ······························143
게발을 떼낸듯 ····················· 99
게으름뱅이 이웃집에서 일한다··316
게으름장이 큰 짐 진다···········259
게의 염불 ·························· 99
게의 옆걸음 ······················· 99
겨된장이 썩겠다 ··················274
겨를 핥다가 마침내 쌀에 미친
　다 ··································274
겨에다 못 박기 ···················273
겨 주머니와 소녀는 방심치

못한다···························273
견원의 사이 ······················135
경단을 먹으면 피안을 상기한다·214
경종 도둑 ·························299
계산은 맞고 돈은 모자란다 ······109
고기가 걸리는 것은 맛난 미끼
　때문이다·························151
고기통 속의 잉어 ················ 32
고르다가 찌끼를 얻는다 ········· 67
고르면 고른 찌끼 ················406
꼬리를 흔드는 개는 매맞지
　않는다·····························84
고우보(弘法)에게도 붓의 과오가 ·140
고생이 벌이 ······················174
고양이가 생선을 마다함 ········280
고양이 낯 씻듯 ···················279
고양이는 머리가 벗어져도 고양
　이 ·································281
고양이 손이라도 빌고 싶다······280
고양이 앞의 쥐 ···················280
고양이에게 건연어 ···············279
고양이 이마빼기에 있는 것을 쥐
　가 노린다························280
고양이한테 가쯔오부시············278
고양이한테 금화 ··················279
고장이 바뀌면 물도 달라진다 ···245
고향에 비단 옷을 입고 돌아
　간다 ······························141
곤란을 당한 때에 앙얼을 입는
　다 ································406
곤베이(權兵衛)가 씨앗을 뿌리면
　까마귀가 파낸다 ···············148
곧은 나무가 먼저 베인다·········221
곰보도 보조개 ···················· 23
공양보다 보시 ····················127
꽃도 한 때 사람도 한창 때 ······295
꽃보다 경단 ······················296

한글 찾아보기 … 429

꽃 아래보다 코 아래 …………295
과(過)는 불급(不及)이라 ………177
과오의 공명 ………………… 26
관상장이 제 신상을 모른다 ……272
괄태충에도 뿔이 있다 …………260
광주리로 물을 푼다 …………… 91
괸 물에는 먼지가 고인다 ………401
교만한 자는 오래 가지 않아
　망한다 ………………………… 74
교지는 졸속만 같지 못하다 ……140
구덩이에 물이 괸다 ……………126
구두를 격해 가려운 데를 긁
　는다 ……………………………125
구두 재다가 발을 깎는다 ………125
구렁이의 길은 뱀이 안다 ………168
구르는 돌에는 이끼가 안 낀다 ·146
구름에 놓는 다리 ………………126
구린 것에 뚜껑 …………………122
구멍이 있으면 들어가고 싶다 … 22
구부러지지 않으면 처세할 수
　없다 ……………………………337
구사 일생 ………………………116
구슬은 닦지 않으면 광이 안
　난다 ……………………………213
구우 일모 ………………………116
국자는 귀개가 되지 못한다 ……168
국자로 배를 가른다 ……………167
군자는 위험한 곳에 가까이 가지
　않는다 …………………………129
굳은 것은 젓가락뿐 …………… 95
굳는 나무는 부러진다 ………… 95
굴 속 너구리 보고 값을 매
　긴다 …………………………… 23
굶주린 개는 몽둥이를 두려워하지
　않는다 ………………………… 47
꿈속에서 돈을 줍는다 …………394
꿈속의 꿈 ………………………395

꿈은 역몽 ………………………395
꿈은 해몽할 탓 …………………395
굽은 가지에 굽은 그림자가 생
　긴다 ……………………………337
굽은 나무도 쓸모가 있다 ………337
궁서가 고양이를 문다 …………116
궁지에 몰린 새가 품안으로 들면
　포수도 죽이지 않는다 ………117
궁(窮)하면 통(通)한다 …………116
권학원(勸學院)의 참새는 몽구를
　지저귀린다 ……………………108
꿩도 울지 않으면 총에 맞지 않겠
　지 ………………………………112
꿩의 숨는 꼴 ……………………112
귀는 커야 하고 입은 작아야
　한다 ……………………………351
귀동냥 ……………………………350
귀 막고 종을 훔친다……………351
귀머거리의 엿들음 ……………231
귀신도 十八세 엽차도 갓달인
　향차 …………………………… 78
귀신도 잡아 먹어 달라고 부탁
　하면 안 잡아간다 …………… 78
귀신에게 쇠몽둥이 …………… 77
귀신의 거짓 염불 ……………… 78
귀신의 곽란 …………………… 77
귀신의 목을 벤 듯 …………… 77
귀신이 나오느냐 부처가 나오느
　냐 ……………………………… 76
귀신이 없는 새에 빨래질……… 77
귀에 못 …………………………351
귀에 못이 박힌다 ………………351
귀와에도 화장 ………………… 76
그 나라에 가면 그 풍속을
　따른다 …………………………197
그 날 그 날의 바람 부는 대로 ·198
그늘 아래 있으면서 가지를 꺾

는다 ····················· 90
그늘에 눕는 사람은 나무 가지를
 꺾지 않는다 ··············141
그렇게도 도매상이 팔아 주지 않
 는다 ······················194
그루터기에도 의상 ············119
그림의 떡 ····················· 66
그물에 걸린 물고기 ············· 25
그 죄를 미워하되 그 사람을
 미워하지 않는다 ·············197
그 하나를 알고 그 둘을
 모른다 ····················197
근골을 뺀 것과 같다············178
끈과 목숨은 긴 것이 좋다 ······308
끌려가는 자의 노래 ············300
끌에 대패의 기능은 없다········289
끌이라 하면 망치 ··············288
끓는 물을 마시게 한다 ·········262
금상 첨화(錦上添花)············120
급하면 돌아가라 ··············· 36
급할 때 하느님 찾기············128
기갈로 죽는 이는 한 사람 술 마
 시고 죽는 이는 천 사람 ······ 97
기다리는 동안이 꽃 ············340
기다리는 사람은 차질이 생기고 안
 기다리는 사람만 온다 ········339
기다리면 항해에 좋은 날씨가
 있다 ······················340
기다리지 않는 세월은 지나가기
 쉽다 ······················339
기러기가 날면 비둘기도 난다 ···108
기러기도 비둘기도 먹지 않고는
 모른다 ····················110
기르던 개한테 손을 물린다 ······ 86
기름 먹인 종이에 불이 붙은
 듯 ························ 24
기름 위의 물 ·················· 24

기린도 늙으면 노마만 못하다 ···119
기요미즈(淸水)의 무대에서
 뛰어내린다··················119
긴 것에는 말어어라 ·············254
길을 잃는 자는 길을 묻지 않는
 다 ························342

ㄴ

나는 새도 떨어뜨린다 ···········250
나는 새의 식단 ···············249
나니와(難波)의「아시」는 이세(伊
 勢)에서는「하마오기」········258
나루터에 마침 배 ··············425
나막신도 아미타도 같은 나뭇조
 각 ························134
나막신을 맡긴다 ···············134
나무로 연유하여 고기를 구한
 다 ························114
나무 밑동보다 나은 가지는
 없다······················371
나무에 떡이 열린다 ············114
나무에도 못 붙고 풀에도 못 붙
 는다······················114
나무에서 떨어진 원숭이 ········111
나뭇잎 하나 떨어진 것을 보고
 가을이 옴을 안다 ············ 38
나쁜 일은 천리를 달린다········ 13
나쁜 짓은 자기에게 되돌아온
 다 ························ 13
나비야 꽃이야(하고 기른다) ···221
나이는 먹었으나 마음은 여전하
 다 ························246
나이를 먹으면 돈보다 자식 ······246
나이야말로 약이다 ·············245
나이에는 이길 수 없다··········246
나중에야 들판이 되든 산이 되든
 될 대로 되어라 ············· 22

한글 찾아보기 … 431

낙수물이 돌을 뚫는다 ………… 25
낙양의 지가를 높인다 …………408
낙은 기억되지 않는다 …………407
낙이 있으면 괴로움도 있다 ……407
낙지의 동족 상잔(同族相殘) …206
낙화 유수의 정 …………………408
난 누더기 든 비단 ……………197
난바다의 방어 ………………… 73
난장이 키 대보기 ……………… 40
날감 씨 많다 ……………………106
날아서 불에 뛰어드는 여름의 벌
  레 ……………………………252
낡은 물건에는 공이 있다 ………320
남 몰래 앞질러 세운 공 ………274
남은 못되라 자기는 잘되라 ……306
남을 원망하지 말고 자기를 탓
  하라 …………………………306
남을 저주하면 구멍이 둘 ………307
남의 것은 내 것 ………………305
남의 말 하면 그림자가 든다 … 61
남의 모습을 보고 자기 모습을
  고쳐라 ………………………305
남의 밥에는 뼈가 있다 …………210
남의 산중에 골치 앓는다 ………210
남의 십난보다 내 일난 …………304
남의 아내는 예쁘게 보인다 ……401
남의 아픔은 삼년이라도 참는
  다 ……………………………303
남의 염불로 극락 간다 …………210
남의 일보다 제 일 ……………304
남의 입에 문을 달 수는 없다 …185
남의 칼로 공을 세운다 …………304
남의 흉내내면 잘못을 저지른
  다 ……………………………306
남이 부탁하지도 않은 경을 읽
  는다 …………………………305
남이 춤출 때는 춤을 추라 ……304

남자는 배짱 여자는 애교 ……… 75
남자는 江戶 여자는 京都 ……… 18
남편과 젓가락은 튼튼한 것이
  좋다 …………………………232
남편의 마음과 강의 여울은 하룻
  밤에 변한다 ………………… 75
남편이 생기면 어버이를 잊는
  다 …………………………… 75
남편이 좋아하는 붉은 鳥帽子 …233
남편이 출타한 집의 문안은 자주
  하지 말라 …………………415
남풍이라도 많이 불면 춥다 ……350
낮에는 눈이 있고 밤에는 귀가
  있다 …………………………310
낮은 곳에 물이 괸다 ……………301
낯가죽을 천 장 쌓아 올린 철면
  피 ……………………………229
낳기도 전의 기저귀 …………… 58
낳은 부모보다 기른 부모 ……… 58
내년의 일을 말하면 귀신이 웃
  는다 …………………………407
내 논에 물 대기 ………………424
내는 것은 혀를 내미는 것도 싫
  다 ……………………………207
내리막길의 수레 ………………123
내뱉은 침은 삼킬 수 없다 ……291
내일은 내일의 바람이 분다 … 17
내일의 어미닭보다 오늘의 달걀· 17
내 집 부처는 거룩하다 …………423
넘어져도 그냥은 일어나지 않는
  다 ……………………………147
노련힌 자가 상에 빠진다 ………176
노를 저으며 상앗대는 가질 수
  없다 …………………………421
노소 부정 ………………………419
논어를 읽되 논어를 모른다 ……421
논을 걸으나 논두렁을 걸으나 마

찬가지·····················201
농담에서 울음이 난다 ············170
농병아리의 부소(浮巢)············263
농(隴)을 얻어 촉(蜀)을 탐
  낸다····················419
놓친 것 중에 작은 것 없다······263
놓친 고기가 더 크다·············230
누더기를 입어도 마음은 비단···335
누란의 위기 ·····················415
누워서 뱉는 침은 제게로 돌아
  온다····················282
누워 있는 소에게 쓰레기·········317
눈곱이 코딱지를 비웃는다 ······363
눈과 먹 ························390
눈과 욕심은 쌓일수록 길을 잃어
  버린다··················391
눈과 코와의 사이 ················365
눈도 입만큼 말한다 ··············367
**눈 뜬 사람도 천 명, 장님도 천
  명** ···················361
눈썹에 불이 붙는다 ··············341
눈썹에 여덟 팔(八)자를 짓
  는다····················342
눈썹에 침을 바른다 ··············342
눈에 넣어도 아프지 않다 ········366
눈에서 코로 빠진다···············363
눈에 일정자(一丁字) 없다······366
눈 온 뒷날은 가난뱅이의 빨래·391
눈 위에 서리·····················391
눈 위의 혹·······················366
눈으로 보고 코로 맡는다·········365
눈은 가는 털을 보아도 속눈썹을
  보지 못한다 ·············367
눈은 마음의 거울················367
눈은 풍년의 징조················392
눈을 가리고 참새를 잡는다······368
눈의 보양 ······················367

눈이나 얼음이나 본시는 물······392
눈한테 설날····················366
늘 걱정만 하면 수명이 준다···127
늙어서는 자식한테 따라라······ 70
늙으면 어리석어진다·············247
늙으면 욕심이 많다··············247
늙은 말은 길을 잃어버리지 않
  는다···················· 70
늙은이와 헌 바구니는 쓸수록
  이롭다··················247
늙은이의 목숨과 봄눈············247
능력이 없는 사람의 한 가지
  능력····················286
늦잠자는 잠꾸러기 ··············396

ㄷ

단점을 버리고 장점을 취한다···214
단호히 행하면 귀신도 이를 피
  한다····················214
닫는 말에 채찍질 ················392
달걀로 돌 치기 ··················212
달걀에 눈 코····················211
달걀을 깨지 않고서는 달걀 부
  침은 만들 수 없다·······212
달걀을 보고 때알림을 구한다···211
달과 자라 ······················225
달기 쉬운 것은 식기도 쉽다···279
달도 차면 곧 기운다·············226
달리는 말에도 채찍질 ············ 90
달리는 말이 똥싸듯··············294
달무리 지면 비가 온다···········225
달밤 반이고 깜깜한 밤 반이다·226
달밤에 밥솥을 도둑맞는다 ······226
달밤의 등불 ····················226
달에 떼구름 꽃에는 바람·········225
딸을 보는 것보다 어머니를 보
  아라···················359

한글 찾아보기 … 433

딸이 셋이면 도산한다 ············358
딸이 시어미가 된다 ··············358
달필은 붓을 가리지 않는다······285
딸 하나에 사위는 여덟 명 ······358
닭은 맨발 ······················270
닭의 머리가 될지언정 소의 꼬
  리가 되지는 말라 ··············131
닭 잡는 데 어찌 소 잡는 칼을
  사용하리 ····················270
담비 없는 숲 속의 족제비 ······239
당나귀 타고 당나귀 찾는다······421
땅두릅의 큰 나무 ················ 56
땅이 기울어져 춤추지 못한다 ···216
대구의 굽힌 것과 장님이 자는
  것은 모른다 ····················213
대안의 불······················202
대한에 운예를 바란다 ············202
대해 밑은 헤아릴 수 있어도 사
  람의 마음은 헤아릴 수 없다 ·201
대해의 한 방울 ················201
때까치가 매를 낳는다 ············369
때 놓친 제사 ···················· 22
때 늦은 약 ······················ 21
더럽게 벌어서 깨끗이 지내라 ···112
더우면 붙고 차면 버린다········ 68
떠나는 새는 뒤를 더럽히지 않
  는다··························208
떠나는 자를 쫓지 않는다 ········155
떠나버린 사람은 날이 갈수록
  소원해진다 ····················156
떡보다 팥소가 비싸게 치인다···370
떡 속의 뉘 ····················· 370
떡에다 설탕 ·····················369
떡은 떡집 ······················370
떡을 굽더라도 손은 데지 말라···377
떡장수 떡을 안 먹는다············370
떨어진 꽃은 다시 가지에 오르기

어렵다····························408
덤불에서 몽둥이 ···················382
덤불을 쑤셔서 뱀을 나오게 한
  다······························383
데릴사위가 삼대 잇따르면 부자
  가 된다························357
도깨비의 아내에게는 귀신이
  된다··························· 78
도끼를 갈아서 바늘을 만든다 ··· 76
도둑놈에게 열쇠를 맡긴다 ······275
도둑놈을 잡아 놓고 보니 내
  자식··························276
도둑놈의 낮잠 ·····················276
도둑놈의 장물에서 일부를 떼먹
  는다··························276
도둑놈이 큰소리 친다 ············274
도둑에게도 할 말은 있다········275
도둑에게 돈까지 준다 ············275
도둑에게도 자비심 ················275
도둑은 틈이 있어도 지키는 사람
  에게는 틈이 없다 ··············276
도둑을 보고 새끼를 꼰다········251
도둑이 오라를 원망한다 ········251
도롱이 옆으로 삿갓이 다가온
  다····························350
도리에 당해낼 칼날은 없다······243
도마 위에 오른 고기·············195
도망치는 데는 도리가 없다······265
도망치인 자 길을 가리지
  않는다························265
도미 꼬리보다 정어리 대가리 ···203
도미도 넙치노 먹어 본 사람이
  안다··························204
도미 없으면 매퉁이 ··············203
도살장의 양 ·····················246
도시락은 초저녁부터··············327
도시락을 나르는 사람은 먼저

먹지 않는다 ·····················327
도토리 키 대보기 ················252
독약을 먹게 되면 접시까지 ······244
독은 독으로써 누르다 ············245
돈과 티끌은 쌓일수록 더럽다 ···100
돈 떨어지면 정 떨어진다 ·········101
돈만 있으면 돌부처도 돌아본
 다 ·······························187
돈만 있으면 바보라도 나리 ······100
돈 보증을 설지언정 신원 보증을
 서지 말라 ························100
돈 없는 놈이 경단 고르기 ······188
돈 없는 사나이는 돛 없는 배와
 같다······························188
돈으로 재갈을 물린다 ············187
돈은 발이 없어도 달려간다 ······188
돈은 세상을 돌고 도는 것 ······101
돈은 위태로운 곳에 있다 ········101
돈 있는 사람은 살고 돈 없는 사
 람은 죽는다 ·····················187
돌다리도 두드려 보고 건넌다 ··· 34
돌려 주는 바보와 빌려 주는
 바보································ 87
돌(묘석)에 이불은 덮지 못한
 다 ································· 33
돌 위에도 삼 년 ··················· 34
돌이 뜨고 나뭇잎이 가라앉는
 다 ································· 33
돌지장에 벌(의 침) ··············· 33
동네에는 동네 시어미가 있다 ···359
동병 상련 ···························242
동서 남북의 사람 ·················241
동서도 분간 못한다 ···············266
동체보다 담이 크다 ···············243
돛단 배에 노를 젓는다 ···········331
돼지 목에 진주 ····················317
되나 말로 될 만큼 있다 ·········339

되로 되고 키로 쏟는다 ···········339
된장국으로 세수하라 ··············348
된장도 똥도 뒤범벅 ···············349
된장에 넣은 소금은 딴 곳으로
 안 간다···························348
두 마리의 토끼를 쫓는 자는 한
 마리도 못 잡는다 ··············267
두 번까지는 속이는 사람이 나쁘
 다 ·······························267
두 번 있는 것은 세 번 있다 ···267
두부로 이를 다친다 ···············242
두부에 꺾쇠박기 ···················243
둥그런 달걀도 자르기 나름으로
 사각······························342
뒤에는 뒤가 있다 ·················· 59
뒤에서는 영주님의 험담도 한다· 90
뒤에 있던 기러기가 앞에 선다 ··· 21
뒤에 할 싸움 먼저 한다 ········· 22
뒷간과 수호불(守護佛)···········186
뒷발로 모래를 끼얹는다 ········· 21
뜨거운 국에 데어서 생회를 후후
 분다······························ 20
뜬 세상 살아가려면 두부처럼 처
 세하여라 ························· 49
뜬 세상은 꿈과 같다···············316
뜬 세상은 마음 나름이다········· 49
든 알몸이나 난 비단·············· 55
들국화도 꽃 피기까지는 그냥 풀
 이다······························286
들어서는 극락, 보아서는 지옥 ·111
들어서려면 큰 나무의 그늘······207
들은 백보다 본 하나···············111
등대 밑이 어둡다 ··················242
등에도 벌도 못 잡는다············ 24
등에 업은 아이 삼 년 찾는다 ···187
등을 배로 바꿀 수는 없다 ······188
띠로는 짧고 멜빵으로는 길다 ··· 79

ㅁ

마각을 드러낸다 ·················293
마누라는 빌려 줄지언정 나무공이
  는 빌려 주지 말라··············269
마누라와 다다미(일복식 자리)
  는 새로울수록 좋다············268
마루끝을 빌려 주다 몸채를 빼
  앗긴다·······························301
마루 밑의 죽순 ·················· 68
마른 나무에도 꽃 ···············106
마부에게도 의상 ················338
마음이 여기에 없으면 보아도 보
  이지 않는다·······················142
마이 동풍 ··························294
마지막 남은 것에 복이 있다 ···286
마지막이 좋으면 모두 좋다······ 83
만사는 다 구할 수 있으나 죽음
  은 구할 수 없다 ················299
만(滿)은 손(損)을 부른다 ···343
많은 장님 코끼리를 만져본다 ···130
많아이는 멍청이 ·················194
말도 말투로 모가 난다···········373
말로 안 사고 안장 산다 ········ 58
말라깽이 밥 많이 먹는다········381
말 많은 것은 몸을 그르친다 ···206
말 많은 것은 품위가 적다 ······144
말 없는 소가 사람을 받는다 ···213
말은 잘 하나 손은 못 따른다 ···123
말은 타 보라, 사람과는 상종해
  보라·································· 57
말을 안 하면 배가 부푼다 ······ 46
말을 하며우 입술이 시리도나 가
  을 바람아 ·························372
말 지쳐서 털만 길다·············· 57
말하기는 쉽고 행하기는 어렵
  다 ····································· 30

말하지 않는 것이 말하는 것보다
  낫다·································· 45
맑음과 흐림을 모두 받아들인
  다·····································184
맘 속에 한 가지 속셈 ···········359
맛이 없는 것은 삶을수록 불룩
  해짐··································338
맛 있는 것은 혼자 먹어라 ······ 57
망치로 땅을 친다·················227
망치의 쇠보다 자루가 더 굵다···227
맞는 것도 점, 맞지 않는 것도
  점 ····································· 20
맞아도 어버이의 지팡이 ········ 54
맞지 않을지라도 크게 틀림은
  없다·································· 20
매는 주려도 이삭을 쪼지 않
  는다··································205
매듭도 안 맺는 실 ···············172
매를 맞은 밤은 편하게 잘 수
  있다··································207
매 없는 나라에서는 참새가 매
  노릇한다····························205
맹모 삼천지교 ·····················369
머리가 까만 쥐 ···················· 19
머리가 움직이면 꼬리도 움직인
  다 ····································· 18
머리가 벗어져도 바람기는 그치지
  않는다······························· 19
머리를 깎기보다 마음을 깎아
  라 ····································· 19
머리만 감추고 엉덩이를 감추지
  않는다······························· 18
머리 위에 꽁초를 얹어도 모르
  겠다·································· 19
먹기만 하기라면 개도 먹는다 ···121
먹는 데는 벗을 잊어버린다 ······161
먹으려고 여읜다ㆍㆍㆍㆍㆍㆍㆍㆍㆍㆍㆍㆍㆍ121

먹인 후「그런데」라고 한다······129
먹지도 않고 싫다고 한다········129
먼 데 것은 꽃향기, 가까운 것은
  똥구린내·····················243
먼 데 있는 물 가까이의 불을 끄
  지 못한다·····················68
먼 스님 영하다·····················244
먼 염려가 없으면 가까운 근심
  이 있다·······················69
먼 친척보다 가까운 남···········244
며느리가 미우면 내 딸 생각해
  라····························405
며느리가 시어미 된다···········402
며느리는 미우나 손자는 귀엽다·404
며느리는 시집왔을 때에 가르쳐
  라····························404
며느리라면 무릎까지 밉다······403
며느리를 보게 되면 귀여운 자
  식도 미워진다················404
며느리를 얻으려면 어버이를 얻
  어라··························405
며느리와 뒷간은 멀수록 좋다·403
명경도 뒷면은 못 비춘다········361
명경 지수·····················361
명에에 성깔이 있다···············362
명물치고 맛있는 것이 없다······362
명필은 붓을 가리지 않는다······362
모든 일은 생각할 탓·············373
모래밭의 오줌이라 괴지 않는다·180
모래 속에서 구슬이 나온다······180
모르는 게 부처님, 안 보는 게 극
  락····························172
모르는 길도 돈이 가르친다······172
모르거든 반값·····················171
모를 것은 사람의 마음···········172
모이 속의 바늘·····················64
모자의 머리띠·····················328

목구멍만 넘어가면 뜨거움을 잊
  는다··························287
목구멍에서 손이 나온다·········287
목기장이의 이지러진 목기······426
목매단 사람의 다리를 당긴다···126
목불·금불·석불·····················115
목숨이 길면 수치도 많다········43
목욕물은 데우고 손님은 갈수록
  좋다··························321
목이 말라 우물 판다···············98
몸만 감추고 그림자를 보인다···352
몸에서 난 녹·····················344
몸은 낳아도 마음은 못 낳는다·96
못 미치는 자는 욕한다···········83
못에다 비·····················317
못해 먹을 짓은 궁살이 ········181
몸둥이만큼 원하여 바늘만큼 이
  룬다···························330
무고한 죄를 들쓰게 된다········277
무는 말은 끝까지 문다···········103
무능한 사람의 능변··············286
무더우면 다음 날은 비···········358
무명 솜옷에 홍견의 안감········374
무사는 먹지 않아도 이 쑤신다·316
무사에게는 두 말이 없다········316
무소식은 무고하다는 소식······315
무슨 바람이 불어서 찾아왔나···260
무예 대식·····················356
무용지용·····················359
무환자나무는 삼년 닦아도 검다·356
문경지교·····················321
문앞에 새그물을 친다············375
문앞의 가겟집 사환이 배우지
  않은 경문을 왼다··············376
문전 성시·····················375
묻는 것은 당장의 수치, 묻지 않
  음은 일생의 수치···············112

묻는 말이 고우면 말대꾸도 좋
  다 ···241
물건이란 성하면 곧 쇠퇴한다 ···372
물고기가 나무에 오르는 격 ······ 48
물고기가 물을 떠난 것 같다 ··· 48
물고기의 흉내내는 송사리 ······248
물과 물고기 ······························346
물 데워서 찬 물이 되게 한다 ···395
물도 안 새게 한다 ·····················348
물로 씻어 버린다 ·····················346
물방울이 떨어져 돌을 뚫는다 ···345
물불을 가리지 않는다 ············176
물 속에서 불을 구한다 ···········177
물 속의 흙부처 ··························347
물에는 수원이 있고 나무에는 뿌
  리가 있다 ······························346
물에 빠진 사람은 지푸라기라도
  잡는다 ····································· 79
물에다 글씨 쓴다 ·····················347
물은 그릇의 모지고 둥근 데에 따
  른다 ··347
물은 배를 띄우고 또 배를 뒤
  집는다 ···································347
물이 괴어야 고기가 모인다 ······345
물이 맑으면 고기가 살지 않는
  다 ···345
물이 모여 냇물을 이룬다 ········346
미끄럼길과 독경은 빠른 편이
  좋다 ··180
미녀는 추부의 원수 ··················302
미운 매에게는 모이를 주어라 ···264
미움 받는 사람이 세상에서 환
  개친다 ·····································264
미이라를 파내러 간 사람이 미리
  라가 된다 ································344
미친 놈에게 칼 ·························113
믿는 나무 밑에 비가 샌다 ·······210

밑담이 천리 간다 ·····················153
밑질기면 불·물을 만난다 ······254

ㅂ

바늘 구멍으로 하늘 엿보기 ······297
바늘 끝만한 일을 막대기 정도로
  말한다 ·····································298
바늘만한 구멍으로 몽둥이만한
  바람 들어온다 ·······················298
바늘 방석 ··································298
바늘을 곳간에 쌓는다 ············298
바늘을 훔치는 자 수레를 훔
  친다 ··297
바다도 안 보이는데 배 준비 ··· 59
바다에서 천년 강에서 천년 ······ 58
바둑에서 지거든 장기로 이겨
  라 ···144
바둑을 두기보다 논을 지어라 ···147
바라던 대로 잘 되었다 ··········278
바람 기다리는 이슬 ················ 95
바람 앞에 놓인 등불 ·················314
바람에 버드나무 ······················· 94
바람은 불어도 산은 움직이지
  않는다 ····································· 94
바람을 거슬러 침 뱉기 ············ 94
빠른 소도 淀, 느린 소도 淀 ···296
빠른 자가 이긴다 ·····················296
바보가 있어야 잘난 사람이 두드
  러진다 ·····································291
바보에게 고생없다 ··················292
바보에게 바를 약은 없다 ········ 24
바보와 가위는 쓰기 나름 ·······292
바보의 손자 자랑 ·····················292
바보의 일각 ······························292
바위에 꽃이 핀다 ······················ 33
박쥐도 새의 흉내낸다 ············140
반해서 드나들면 천리 길도

십리 ·····································334
발뒤꿈치에서 두통을 앓는다 ··· 88
발 밑에서 새가 난다 ···············17
발톱도 못 선다 ·······················229
밟고 차고 ·······························321
밟으면 꽨다 ····························319
밤길에 낯은 저물지 않는다 ······402
밤눈, 먼눈, 삿갓의 안 ···········403
밤눈에는 쇠꼬리도 희다 ·········403
밤에 집 안에서 휘파람을 불지마라 ·····································405
밤참 먹은 후의 팥떡 ···············379
방귀나 부스럼은 장소를 가리지 않는다 ······························236
방귀는 똥의 전조 ···················324
방귀를 뀌고 볼기짝을 오므린다 ·····································325
방심은 가장 무서운 적 ···········392
방심은 실수의 근원 ···············393
방안이 환하면 달밤인 줄 안다 · 10
방위 미신가 집안 망친다 ········328
배가 고파 가지고는 싸움은 못한다 ·································297
배가 떠날 때에는 사공을 기다리지 않는다 ······················236
배고플 때는 맛없는 것이 없다 ·308
배꼽이 차를 끓인다 ···············322
배는 물이 아니면 가지 못한다···319
배도둑을 도보로 쫓아간다 ······318
배도 몸의 일부 ·······················297
배에 눈금을 새기고 칼을 구한다 ·································319
배에 데어 가마를 꺼린다 ········318
백단향은 떡잎 때부터 향기롭다 ·····································190
백발은 저승의 사자 ···············171
백부를 보니 짐이 무거워진다 ··· 74

백일 가뭄에는 싫증이 나지 않아도 하루 비에는 싫증이 난다 ·································309
백일의 설법 방귀 하나 ···········308
뱀에게 눈독 들여진 개구리와 같다 ·································325
뱀에게 물리고 썩은 새끼 보고 놀란다 ······························325
뱀의 발보다 사람의 발 ···········326
뱀은 대통에 넣어도 똑바로는 되지 않는다 ······················326
뱀이 나올 듯한데 모기도 안 나온다 ·································167
뱀이 모기를 삼킨 격 ···············325
뱃사공이 많으면 배가 산으로 올라간다 ······························190
뺨을 낯 ···································331
버드나무는 초록빛 꽃은 주홍색 ·····································382
버드나무 밑의 미꾸라지 ········382
버드나무에 눈 쌓여 부러질까···382
버리는 신이 있으면 줍는 신이 있다 ·································179
버려진 개에게 주먹밥 ···········179
번뇌의 개는 쫓아도 떠나지 않는다 ·································335
벌린 입에 팥단자 ·····················8
벌이 잘 하는 남자에게 두름성 있는 여자 ························ 93
벌집을 쑤신 듯 ·······················295
범은 새끼를 생각하고 천리 길을 돌아온다 ·······················250
범죄 뒤에는 반드시 여자 있다 ·299
베개를 높이하고 잔다 ···········337
베어도 피도 아니 난다 ···········113
벼락 부자는 벼락 거지 ···········269
벼룩 눈에 모기 속눈썹 ···········289

한글 찾아보기 ··· 439

벼룩도 죽이지 않는다 ············290
벼룩의 머리를 도끼로 쪼갠다 ···289
벼룩의 부부 ······················289
벼슬아치와 나무때기는 치세울수
　록 좋다 ························377
벽에도 귀 ························102
병은 고칠 수 있어도 버릇은 고칠
　수 없다 ························384
병은 입으로 들어오고 화는 입에
　서 나온다 ······················384
병이 고황에 들었다 ··············384
보리밥으로 잉어를 낚는다 ······356
보리밭과 시어머니는 밟을수록
　좋다 ···························355
보물을 갖고서 썩힘 ··············206
보이는 대로 먹자 ················352
복숭아・밤은 삼년, 감은 팔년···374
복어는 먹고 싶고 목숨은 아깝
　고 ······························315
볶은 콩 골라 먹기 ··············· 44
본대로 흉내냄 ····················352
본래의 木阿弥(로 되돌아감) ···371
본전도 이문도 다 잃는다········372
부귀에도 괴로움이 있고 빈천에
　도 낙이 있다 ···················313
부뚜막보다 먼저 아내 ············324
부딪쳐서 부서져라 ··············· 18
부르느니 욕하라 ··················402
부리가 노랗다 ····················124
뿌리가 없어도 꽃은 핀다········278
부리는 사람은 부림을 당한다 ···224
뿌리지 않은 씨앗은 싹트지 않
　는다····························336
부모가 미우면 자식도 밉다······ 80
부모가 생각하는 것만큼 자식은
　생각치 않는다 ·················· 81
부모의 여광은 오래오래 비친
　다 ······························ 82
부모 부모지만 그 자식도 자
　식이다·························· 82
부모의 마음을 자식은 모른다 ··· 81
부모의 여벌은 없다 ·············· 81
부부 싸움은 개도 안 막는다 ···314
부자에게 아들 없다 ··············219
부지런히 일하면 따라잡는 가난
　없다····························· 93
부처님도 옛날은 범부 ············333
부처럼 얼굴도 세 번············332
부처님 없는 법당 ················332
부처님의 광명보다 돈의 위광 ···333
부처를 만들고 혼을 넣지 않는
　다 ······························332
부침 일곱 번 ····················· 49
부탁한다고 부탁 받으면 개도 나
　무에 오른다 ····················211
부하가 되지 않으면 부하를 부릴
　수 없다 ························135
북에 가까우면 남으로 멀다······113
불 꺼진 회전등 ···················307
불구의 자식일수록 더 귀엽다 ··· 97
불난 뒤 못 줍기 ·················· 91
불난 뒤의 불조심 ················· 92
불법 있어서 절, 절 있어서 불
　법 ······························328
불 속의 밤을 줍는다············· 97
불에다 기름을 끼얹는다 ········307
불에 달구어진 돌에 물········378
불에 덴 사람 불을 두려워한다 ·378
붙은 불·난 곳에서 떠들어댄다 ··308
뿔은 바르게 되었지만 소가 죽
　었다····························228
뿔을 고치려다 소를 죽인다······228
불을 보는 것보다 명백하다······310
불이 없는 곳에 연기는 안

난다······································307
뿔 있는 짐승은 윗니가 없다 ···228
불탄 자리에서 못 줍기············378
붉은 물감에 섞이면 붉어진다 ···169
붕어의 염불 ····························318
붕우는 제이의 나 ·····················331
붙인 칼날은 무뎌지기 쉽다······227
비단으로 지저깨비를 싼다 ······265
비둘기 미워서 콩을 심지 않는
 다·······································295
비수에 낯빛 ···························· 7
비 오기 전에 우산 ····················320
비 오는 날 머리를 감으면 부모의
 임종을 못 한다 ····················· 26
비 오는 날 시집가면 헤어지지 않
 는다···································· 26
비 오는 밤에도 별 ···················· 25
비 온 뒤에 땅이 굳어진다 ······ 26
빈객도 오래 있으면 싫어진다 ···222
빈 말로 가는 김에 실어다 주는
 짐삯···································390
빈 통은 소리가 크다············· 11
빌 때에는 지장보살과 같은 반기
 는 얼굴, 갚을 때에는 염라대
 왕과 같은 찡그린 얼굴········105
빌려 준 것은 잊지 않으나 빈 것
 은 잊어버린다 ····················· 92
빌어온 고양이 ························105

ㅅ

싸구려 물건을 사서 돈만 버린
 다 ·····································380
사는 것은 얻은 것보다 낫다 ··· 86
사람은 외관으로 판단할 수 없
 다 ·····································305
사람이 살았다는 이유로 해서 고
 귀해지는 않다 ····················302

사람이 이르는 곳에 푸른 산이
 있다···································270
사랑에 눈이 멀다 ·····················138
사랑이 많으면 미움이 닥친다 ··· 7
사랑하는 자식에겐 여행을 시켜
 라 ·····································106
사물에는 시기 ·························373
사별보다 더한 생이별 ············166
사슴 기다리는 터에 너구리······161
사슴을 쫓는 자는 산을 보지 않
 는다···································161
사양은 배고프고 멋부림은 춥다· 69
싸우는 참새는 사람을 겁내지 않
 는다···································207
싸운 자는 쌍방 모두 처벌된다 ·136
싸움과 불은 클수록 좋다········136
싸움 끝난 뒤에 몽둥이···········136
사위는 객실에서 머무르는 마당
 에서 맞이하라 ····················357
사위는 불을 땐다 ·····················357
사위에게는 영광을 돌려라 ······357
사자에게 지느러미 ···················163
사촌 실낱만큼 ························ 41
사향이 있으면 향기롭다 ········166
삯도 없이 무거운 짐 지기······208
산 개가 죽은 범보다 낫다 ······ 32
싼 게 나쁠 것이지 ·················379
산등성이로 가나 산골짜기로 가나
 마찬가지다 ·························· 73
산 몸에 먹이 ·························· 31
산보다 큰 멧돼지는 안 난다 ···386
산 안 보이는데 고개 이야기 ···386
산에 관하여는 나무꾼에게 물어
 라 ·····································386
산에서는 안 넘어지고 개미총에
 넘어진다·····························385
산에서 배를 타는 격···············385

한글 찾아보기 ... 441

산은 높기 때문에 귀한 것이 아니다 ······384
산이 높으면 골이 깊다 ······385
산초는 알이 작지만 얼얼하게 맵다 ······157
살갗을 잡아당기면 몸이 아프다 ······107
쌀겨 세홉만 있거든 양자는 가지 말라 ······145
쌀겨 속에도 싸라기 ······273
살색이 흰 것은 칠난을 감춘다 ···45
살아가는 세상에 못된 귀신은 없다 ······425
살아 있는 말의 눈을 뺀다 ······31
살아 있는 몸은 죽어야 할 몸 ···32
살아 정들면 고향 ······181
살얼음을 밟는 것과 같다 ······293
살쩌가는 호박에 바늘 찌르기 ···318
삶아도 구워도 못 먹는다 ······266
삼년 지나면 세 살이 된다 ······158
삼밭 속의 쑥 ······16
三十六計 중에서 도망치는 것보다 좋은 것은 없다 ······156
삼인 성호(三人成虎) ······158
삼일 천하(三日天下) ······349
상기둥을 개미가 갉는다 ······202
상대 없는 싸움은 못 한다 ······8
상봉(相逢)은 이별(離別)의 시초 ······9
상사병에 약은 없다 ······138
새 없는 동리의 박쥐 ······251
새옹지마(塞翁之馬) ······149
새우는 뛰어도 강은 떠나시 않는다 ······66
새우로 도미를 낚는다 ······67
새 지쳐서 가지를 가리지 않는다 ······251

생각하는데 헤어지고 생각치 않는데 짝지워진다 ······79
생명 있는 것은 죽음이 있다 ···183
서두르면 일을 망친다 ······184
서라고 하면 동이라고 깨달아라 ······266
서로 닮은 것은 부부 ······266
서면 작약, 앉으면 모란 ······208
서투르면서도 무턱대고 좋아한다 ······324
서투른 글이 길기만 하다 ······323
서투른 놈의 교만 ······323
서투른 사람 연장만 살핀다 ······323
서투른 사람이 있기 때문에 능숙한 사람이 알려진다 ······323
서투른 총질도 여러번 쏘면 명중한다 ······323
서풍과 부부 싸움은 저녁까지 ···265
서향화는 말라도 향기롭다 ······222
석가에게도 독경 잘못 ······167
썩어도 도미 ······122
썩은 나무는 기둥으로 쓸 수 없다 ······123
선도 한평생 악도 한평생 ······191
선반에서 굴러 떨어진 팥떡 ······209
선반에서 떨어진 오뚝이 ······209
선반의 팥떡도 집지 않으면 먹을 수 없다 ······209
선생이라 부르면서 재떨이 비우게 한다 ······190
성급한 성품은 미련의 근본 ······214
성실정직우 바보의 이명(異名)·410
성신힌 사람 자식이 많다 ······411
성인에게는 꿈이 없다 ······184
섶을 지고 화재 현장에 간다 ···206
세로 쪼갠 참외와 같다 ······60
세 번 돌고나서 담배를 피우자 ·159

세 번의 불보다 한 번의 홀어미 ·····157
세 사람이 모이면 문수의 지혜···158
세 살 늙은이 백 살 아이 ······156
세 살 아이의 마음 백 살까지 간다·····349
세상 소문은 배로 된다·····303
세상은 가지 각색 ·····401
세상은 넓은 것 같으면서도 좁다·····186
세상은 버드나무처럼 살아라 ···402
세상을 버렸으나 몸을 버리지 않는다·····406
세 아이를 가진 사람은 웃으며 산다·····157
세워 놓은 판자에 물·····208
세월은 사람을 기다리지 않는다·····149
세 치 혀에 다섯 척의 몸을 망친다·····157
소가 울어도 말은 응하지 않는다 ·····51
소경에게 안경 ·····363
소금으로 못을 메우는 것과 같다·····160
소금을 달아도 손은 핥을 수 있다·····160
소나기는 말 등을 가른다·····389
소는 소끼리, 말은 말끼리 ··· 52
소도 천리 말도 천리·····53
소라와 나팔은 크게 불어라 ·····334
소를 대하여 거문고를 뜯는다 ··· 52
소를 말로 바꿔 타다·····51
소리개가 매를 낳다 ·····249
소매가 길면 춤이 능숙하게 보인다·····196
소매를 서로 스치는 것도 전생의 인연·····196
소매 밑을 도는 아이는 맞지 않는다·····196
소매에서 손을 내는 것도 싫어한다·····196
소문만복래(笑門萬福來) ·····426
소에게 끌려서 젠고지(善光寺)에 참배 간다 ·····51
소의 오줌과 어버이의 훈계 ·····52
소한의 얼음 대한에 녹는다 ·····170
속임에는 적수 없다 ·····212
손가락 아끼다가 손바닥 잃어버린다·····393
손가락으로 열탕을 휘젓는다 ···393
손가락이 더럽다고 끊을 수 없다·····393
손님과 백로는 일어서는 것이 예쁘다·····115
손도 발도 댈 수 없다 ·····236
손도 발도 없다 ·····236
손바닥을 뒤집 듯 ·····235
손발이 막대기처럼 뻣뻣해진다·····232
손수 돌보아서 기른다 ·····234
손 안의 구슬·····171
손을 벌리고 기다린다 ·····238
손이 놀고 있으면 입이 비어 있게 된다 ·····233
손이 어떻게 춤추고 있는지 발이 어디를 디디고 있는지 모른다 ·····235
손자를 기르느니 강아지를 길러라·····338
손톱으로 줍고 키로 엎지른다 ·····228
손톱에 불을 켠다 ·····229
손톱의 때를 달여 마신다·····229
손해 보고 이익을 얻는다·····200

한글 찾아보기

손해 보고 창피 당한다 ············200
솔개에게 유부를 빼앗긴다 ······249
솟아나는 샘에도 물 마를 때
  있다 ··424
송곳으로 산을 판다 ···············119
송사리도 물고기 편이라 ········365
쇠는 뜨거울 때 쳐라···············235
쇠망치가 강물에 떠내려간다 ··· 99
쇠짚신을 신고 찾아다닌다 ······101
수레를 옆으로 민다 ···············400
수세미 껍질만큼도 여기서 않는
  다 ··324
수어지교(水魚之交) ···············176
수염의 먼지를 떨다 ···············301
수원이 맑으면 흐르는 물이
  맑다 ···350
순풍에 돛을 단다 ·················· 65
술 사주고 볼기 맞는다···········152
술은 백약의 으뜸 ···················153
술은 세 순배에 한한다···········152
술을 못 하는 사람이 안주만 들
  쑤시어 먹는다 ························132
술을 못 하는 사람이 지은 곳간
  은 없다 ····································133
술이 들어가면 혀가 나온다······152
술주정꾼 다치지 않는다 ········396
술주정꾼이 본성을 드러낸다 ··153
쓰고 있는 괭이는 빛난다········225
쓰러지기 전의 지팡이   ········146
쓰레기 터에 학 ·····················293
쓴 것 단 것 속속들이 잘 안다 ·263
쓸모없는 물건도 삼년 지나면
  소용에 닿는다 ····················· 44
슬쩍 이야기를 걸면 꽥 하고 대
  답한다······································195
씨는 도둑맞지 않는다 ···········373
시골의 똑똑한 사람보다 서울의

멍청이··································· 42
시누이 한 사람은 귀신 천 마리·144
씨름에 패하고 아내의 얼굴
  친다···181
시어머니가 미우면 남편까지
  밉다··168
시어머니의 눈물 ·················168
식객의 세 그릇째 ············· 35
신앙심도 욕심으로부터············173
신은 신관(神官)이 조치하는
  대로··102
실컷 먹고 소 냄새가 난다고
  한다··121
싫다면서 석 잔 술 ············· 44
심지로 종을 친다 ···················242

ㅇ

아고기우라(阿漕浦)에 치는 그물·14
아귀도 인수 ························· 89
아귀의 눈에 물이 보이지 않
  는다·· 89
아내 나쁜 것은 육십년의 흉작 ·268
아내는 집의 상기둥 ·············269
아내 백일 말 스무 날 ···········269
아내 십팔 세 나 스무 살·······267
아내와 쌀밥에는 싫증 나지 않
  는다··268
아들보다 손자가 귀엽다 ·······146
아들을 갖고나서 아는 어버이의
  은혜··148
아랫목 대장 ························· 55
아름다운 꽃에 좋은 열매는 안
  맺는다·· 56
아름다운 꽃은 산에 핀다········120
아미타불도 돈으로 빛난다 ····· 25
아이를 버릴 덤불은 있어도 어
  버이를 버릴 덤불은 없다·······147

아이 싸움이 어른 싸움 된다 …145
아침 밥 먹기 전의 찬물밥 …… 16
아침 비는 여자가 팔 걷어붙이는
  꼴 ……………………………… 15
아침 안개는 낮의 좋은 날씨 … 16
아프고 가렵다 ………………… 36
아픈 상처 위에 소금을 바른다 · 36
악연은 인연이 깊다 …………… 12
악전은 붙어 있지를 않는다 …… 14
안 마신 술에는 취하지 않는다 ·288
안마장이의 굽이 높은 나막신 … 29
안 맞는 뚜껑 있으면 꼭 맞는 뚜
  껑도 있다 …………………… 28
안장 위에 사람이 없고, 안장 밑
  에 말이 없다 ………………… 28
앉아서 먹으면 산도 없어진다 …154
않는 몸보다 보는 눈……………387
암소에게 배를 받힌다 …………362
암탉이 울어서 새벽을 알린다 …310
앙갚음은 세 곱 …………………161
앞문에 범을 몰아내고 뒷문의
  늑대를 맞이한다 ……………191
앞에서 아부하는 자는 뒤에서 험
  담한다………………………336
앞질러 하면 남을 누를 수
  있다…………………………152
앞차의 뒤집어짐은 뒤차의
  교훈…………………………189
애쓴 보람 없는 헛수고 …………333
애절할 때는 가시덤불이라도 잡
  는다…………………………186
야윈 말이 가는 데는 풀까지 마
  른다…………………………380
야윈 말이 길을 재촉한다………380
약도 지나치면 독이 된다………122
약상자 속의 물건 ………………377
약은 사람을 죽이지 않고 의원이
  사람을 죽인다 ………………122
약한 소의 뒷받침 ………………406
양날의 칼 ………………………375
양두 구육(羊頭狗肉) ……………397
양상은 깊이 간직하고 없는 것처
  럼 한다………………………412
양생으로 몸이 수척해진다 ……397
양손에 꽃 ………………………413
양약은 입에 쓰다 ………………413
양웅은 병립할 수 없다…………414
양주 싸움과 봄눈은 쉬 녹
  는다…………………………314
양초는 몸을 줄여 가면서 사람을
  비춘다………………………419
양편 말을 듣고 판결을 내
  려라…………………………413
얕은 내도 깊게 건너라…………413
얕은 여울에 놓치는 물결 ……… 15
어깨 있으면 옷을 입는다……… 95
어금니에 칼 …………………… 74
어두운 곳의 찌푸린 얼굴………127
어두운 밤에 까마귀, 눈에 해오
  라기…………………………387
어두운 밤의 비단 ………………387
어둠 속에서 소 …………………127
어둠 속의 총질 …………………128
어리석은 사람에게 복이 있다 … 83
어리석은 자의 지혜는 나중
  에야…………………………133
어리석은 자의 한 치, 아둔패기의
  세 치…………………………133
어버이가 때리는 주먹보다 남이
  어루만지는 것이 아프다 …… 81
어버이는 없어도 자식은 자
  란다…………………………… 82
어버이를 닮지 않은 자식은 남의
  자식…………………………… 80

한글 찾아보기 ··· 445

어버이를 보고 싶으면 자식을
  보아라 ····················· 82
어버이와 자식 사이에도 금전은
  남 ························ 80
어부지리(漁父之利) ··············118
어설픈 병법은 모르는 것만 못
  하다 ······················259
어설픈 지식인은 강에 빠진다 ···260
어울리는 부부의 남비 뚜껑 ····262
어울리지 않는 것은 불연의 원
  인 ························230
어울리지 않은 중의 싸움질 ······262
어제는 며느리 오늘은 시어머
  니 ························115
어제의 누더기 오늘의 비단 ······115
억지가 통하면 도리가 물러
  선다 ······················360
언제나 달밤에 하상 구월 ········ 41
얻는 것이라면 여름에도 솜옷 ···374
얻은 물건에 불평 ···············374
얼굴과 마음은 안과 겉 ··········· 88
얼굴로 웃고 마음 속에서 운다··· 87
얼굴을 진흙으로 바르다 ········ 88
업은 자식에게 얕은 여울(을 배
  운다) ····················· 70
업은 아이보다 안은 아이 ········ 71
업을 일으키기는 쉽고 그걸 지키
  기는 어렵다 ···············194
없는 것을 먹으려는 것이 사람의
  버릇 ······················253
없는 소매는 흔들 수 없다 ······253
없을 때의 참음, 있을 때의 검약 ···253
엉겅퀴꽃도 한 때 ··············· 16
엎지른 물은 다시 생반에 돌아
  가지 않는다 ···············315
에도(江戶)의 원수를 나가사기
  (長崎)에서 친다 ············· 66

여뀌 먹는 벌레도 제 멋 ·········209
여럿의 입에는 당할 수 없다 ··· 72
여름에 노래 부르는 사람은 겨울
  에 운다 ···················257
여름은 가다랭이 겨울은 다랑어·258
여름의 벌레 눈을 모른다 ········258
여름의 솜옷 ····················257
여름의 화로와 겨울의 부채 ······106
여름철의 불은 며느리에게 때게
  하라 ······················257
여승에게 빗을 내라 한다 ·········301
여우가 서투른 사람이 쏘는 화살
  을 무서워한다 ·············114
여우가 캥캥 울면 사람이 죽는
  다 ························113
여윈 말에 무거운 짐 ············380
여윈 말은 채찍을 겁내지 않
  는다 ······················381
여윈 팔에도 뼈 ················380
여자는 삼계에 집이 없다 ········ 85
여자 셋이면 파산하게 된다 ······ 84
여자 셋이 모이면 시끄럽다 ······ 84
여자의 일념은 바위도 꿰뚫는다· 84
여자의 지혜는 코끝 ············· 85
여행에는 길동무, 세상살이에는
  인정 ······················211
역성들어 넘어뜨리기 ··············300
연기 있으면 불이 있다 ···········134
열고 보니 새똥 ················· 14
열리는 나무는 꽃부터 다르다 ···260
열쇠 구멍으로 하늘 보기 ········ 89
염교를 먹고 입을 씻는다 ·········409
염력은 바위라도 뚫는다 ·········283
염색집의 모레 ··················141
엿샛날의 창포 ··················354
영고 성쇠는 변천하는 세상의
  모습 ······················ 63

영리한 사람에게는 친구가
 없다·············· 92
영리한 새는 나무를 가린다······412
영리한 아이 요절한다 ·········· 92
영웅은 색을 좋아한다 ·········· 63
옆에서 창을 찌른다 ············400
옆에 있는 볶은 콩 ············198
예복 입은 도둑놈 ·············102
예순 살의 습자 ···············420
예술은 길고 인생은 짧다········131
예의는 아래에서 자비는 위에서·417
예의는 풍족에서 생긴다 ········417
예의도 지나치면 무례가 된다 ···417
옛날부터 하는 말엔 거짓이
 없다···················354
옛날 손에 익힌 절굿공이········355
옛날은 옛날, 지금은 지금 ······355
옛날은 지금의 거울 ············355
옛날 천리도 지금 십리··········354
오는 정이 있어야 가는 정이
 있다·················· 48
오늘 뒤에 오늘 없다···········118
오래 된 강에 물이 끊기지 않
 는다···················320
오래 된 상처는 아프기 쉽다 ···321
오르막이 있으면 내리막이 있다·288
오르지 못할 나무는 쳐다보지도
 말아라·················288
오른쪽 귀에서 왼쪽 귀로········344
오른쪽을 밟으면 왼쪽이 올라
 간다···················345
오리가 파를 짊어지고 온다······104
오십보 백보 ················143
오얏을 심어서 오얏을 얻음······181
오우 달을 보고 헐떡인다········141
오이 덩굴에 가지는 안 열린다··· 60
오이에 발톱 있고 발톱에 발톱
 없다·················· 60
옥석 혼효 ·················118
옥에 티 ··················213
옻칠은 벗겨져도 본바탕은 벗겨
 지지 않는다 ············· 60
와우 각상의 싸움 ············· 89
외면여보살 내심여야차 ·········134
외상이라면 두루미라도··········287
요술 부릴 적에도 수가 필요
 하다···················234
욕심과 둘이 동행 ·············398
욕심 많은 매는 발톱이 찢어지는
 것도 모른다 ·············399
욕심에는 꼭대기가 없다 ········399
욕심은 자기 몸을 망친다········399
욕심의 통에는 밑바닥이 없다 ···399
욕심장이는 머리가 벗어지기
 쉽다···················400
용마의 차질 ················412
용모보다 마음씨 ··············352
용의 수염을 개미가 노린다······411
용의 수염을 어루만지고 범의 꼬
 리를 밟는다·············412
용장 밑에 약졸 없다···········389
우는 아이는 자란다 ···········256
우는 아이에게 고추 ···········255
우는 얼굴에 벌 침 ···········255
우란분과 정초가 한꺼번에 닥쳐
 온 것과 같다············335
우리집 쌀밥보다 이웃집의 보리
 밥 ··················· 55
우물가의 어린애 ·············· 42
우물 안의 개구리 바다를 모
 른다·················· 43
우후 죽순 ················· 50
운니지차(雲泥之差) ············· 61
운부 천부 ················· 62

한글 찾아보기

운은 하늘에 있다 ················ 61
운을 기다리는 것은 죽음을 기다
　리는 것과 같다 ················ 61
울며 만류하다가 돌아가면 기뻐
　한다 ······························256
울지 않는 아이를 울린다········254
움막에서 천둥을 듣는다 ········ 23
웃는 얼굴을 때리는 주먹은
　없다 ································ 63
웃음 속의 칼 ······················· 67
웅덩이가 변해서 여울이 된다···317
원수를 은혜로 갚는다 ············ 20
원수의 돈이라도 있으면 쓴다··· 96
원수의 앞보다 빗장이의 앞······ 96
원숭이도 나무에서 떨어진다 ···155
원숭이 수염을 비빈다 ···········154
원숭이의 엉덩이를 비웃음 ······155
원숭이한테 나무에 오름을 가
　르침 ·······························155
원한은 은혜로 갚아라 ············ 59
위가 바르면 아래도 편하다······ 47
위를 향하고 침 뱉기 ············· 9
위에는 위가 있다 ················· 48
위험한 다리도 한 번은 건너라··· 23
유(類)는 벗을 부른다 ············415
유리는 깨어지기 쉽다 ···········416
유리도 파리도 비추면 빛난다···416
유모의 집보다 가을 산에 가라··· 56
유월 무례 ···························420
유월에 화로를 판다 ··············420
유월의 보리멸은 그림에 그린 것
　이라도 먹어라 ···················420
유종의 미 ··························· 389
유딘의 괄방 과녁 ·················198
육십년은 살아도 육십일을 살기는
　어렵다····························421
은혜를 원수로 갚는다 ············ 85

응달의 배 ···························300
의론보다 증거 ·····················422
의사와 된장은 오래 될수록
　좋다································ 34
의사의 불섭생 ······················ 35
의사의 약도 손어림 ··············· 34
의사의 자기진맥 효험이 없다··· 35
의사의 지금 곧(갑니다) ········· 35
의지하려면 큰 나무의 그늘······405
의혹은 말로 풀리지 않는다······ 54
이겨서도 투구끈을 조여 매라··· 98
이기는 것보다 지지 않는 것을
　생각하여라 ······················· 98
이기면 관군 지면 적군 ··········· 98
이렇게 말하면 저렇게 말한다··· 7
「이로하」의 「이」 자도 모른다··· 45
이름도 없는 별은 초저녁부터 나
　타난다 ····························259
이름은 본체를 나타낸다 ········259
이 아버지 있으므로써 여기에 이
　아들 있다 ·······················145
이웃에 곳간이 지어지면 이쪽에
　서 화가 난다 ···················248
이웃집의 꽃은 붉다 ··············248
이웃집의 밥은 맛이 있다 ······248
이웃집의 보물을 셈한다 ········248
이월은 도망치듯 달려간다 ······264
이층에서 안약 넣기 ··············263
이치로는 이기면서 실제에 있어
　서는 진다 ·······················411
이혼 뒤의 질투 ····················411
인간 만사 돈의 세상············271
인간은 병의 그릇 ·················271
인간 일생 이만일 ·················270
인간의 찌꺼와 짚 부스러기는
　남지 않는다 ····················302
인내는 평생의 보배 ··············109

한글 찾아보기

인내 자루의 끈이 끊어진다 ······109
인사보다 원 지폐 ················ 8
인삼 마시고 목을 매달아 죽
  는다 ·······················271
인삼 삶은 물로 미역감기·········271
인생은 아침 이슬과 같다 ········173
인연과 목숨은 잇대지 못 한다·· 68
인연이 있으면 천리(라도 만나
  기 쉽다)······················ 67
인정은 남을 위한 것만이 아
  니다 ·······················256
일가 친척은 울며 모여들고 남은
  먹으러 모여든다 ···············174
일거 양득 ····················· 39
일곱 번 넘어져서 여덟 번 일어
  난다 ·······················258
일난 지나면 또 일난 ··········· 37
일살 다생 ···················· 41
일야 백발 ···················· 38
일어나면 다다미 반 장, 누우면
  한 장 ······················ 73
일은 많은 사람이 ···············162
일은 쫓아야지 일에 쫓기지
  말라 ·······················163
입과 배 ······················124
입은 가로로 되었어도 말은 바
  로 해라 ····················125
입은 출입에 문을 달아라·········125
입은 편리함 ···················124
입의 칼날 ····················124
입이 있으면 먹고 지낸다·········123
있을 때는 싫어하다가 없어지면
  그리워한다 ················· 27

ㅈ

자갈이 별이 된다 ···············107
자기 꼭뒤는 볼 수 없다 ········166
자는 것보다 편한 일은 없다 ···283
자는 동안은 부처 ················282
자루 속에 든 쥐 ················315
자루 없는 곳에다 자루를 끼
  운다 ······················· 66
자벌레 움츠림도 펴자는 뜻
  이라 ·······················167
자식은 껶쇠 ···················145
자식을 알기에 아버지만한 이
  없다 ·······················147
자식 자랑은 어버이의 상사······424
자지레한 물고기가 큰 고기와 어
  울림 ·······················153
작아도 바늘은 삼킬 수 없다 ···215
작은 마을의 개는 문다 ·········146
잔소리는 해야 마땅하고 술은
  사야 마땅하다 ···············142
잠자는 귀에 돈이 들어온 심경···282
잠자는 귀에 물 ················282
잠자는 아이를 깨운다 ············281
잡지도 않은 너구리 피물 돈
  계산 ·······················250
장님 담장 엿보기 ················364
장님에게 초롱 ··················363
장님에게 열탕을 끼얹는다 ······364
장님의 더듬어 찾기 ··············364
장님은 뱀을 무서워하지 않는다·365
장님이 지팡이를 잃은 격 ········364
장대로 별을 친다 ···············151
장례 끝난 뒤에 의사 논의 ······195
장사꾼의 본전 ··················· 12
장사는 소의 침 ·················· 11
장사는 수로 다루어라 ············ 11
장사치와 병풍은 구부러지지 않
  으면 서지 못한다··············· 12
장자의 많은 등보다 빈자의
  일등 ·······················219

한글 찾아보기

장점은 단처 ·················219
재난이 닥치면 다다미 위에서도
   죽는다 ···················150
재난의 예고는 없다 ············150
재사는 제 재주에 넘어진다 ·····150
재주는 남음이 있으나 견식이
   모자란다 ··················149
재주는 자신을 돕는다 ··········132
재주 많은 가난 ················118
재주 있는 매는 발톱을 감춘다···285
잿밥 먹은 배 이레 간다 ········329
저녁놀에 낫을 갈아라 ··········390
저당잡힌 오뚝이처럼 ···········164
적빈 씻은 듯하다 ··············185
전복 껍데기의 짝사랑 ··········· 28
절굿공이로 문간을 쓴다 ········418
절굿공이로 찬합을 씻는다 ······418
절굿공이로 토란을 쌓아 올
   린다 ······················182
절 곁에 귀신이 산다 ···········237
절에서 나오면 중 ··············237
절에 어울리지 않는 북 ········237
젊었을 때는 쌀겨가 무너지는 것
   도 우습다 ·················423
젊었을 적 고생은 돈을 주고 사
   랬다 ······················423
젊은 시절은 거듭 오지 않
   는다 ······················ 185
점장이가 자기 신상을 모른다 ··· 64
접시 핥은 고양이가 벌을 받
   는다 ······················154
젓가락에도 막대에도 걸리지 않
   는다 ······················294
젓갈은 먹으려고 물을 마신다 ···160
정곡을 잃지 않는다 ············183
정수리에 일침 ·················220
정숙한 여자는 두 남편을 섬기지
   않는다 ···················233
정신 일도 하사 불성(精神一到何
   事不成)이리오 ··············183
정어리 대가리도 믿기 나름······ 45
젖은 손에 좁쌀 ················277
제가 가진 몽둥이로 맞는다 ·····371
제각기 양 귀비 ················368
제등에 범종 ···················220
제등으로 떡을 친다 ············220
제자는 스승의 반분 ············234
제철에 피는 꽃을 머리에 꽂
   으라 ······················244
제 집 앞에서 짖지 않는 개
   없다 ······················424
제 칼집에 들어간다 ············371
조강지처는 불하당(糟糠之妻 —
   不下堂) ···················194
조개 껍질로 바다를 된다········ 86
조령 모개 ·····················221
조삼 모사 ·····················218
조심하고 또 조심하라 ··········283
조심하면 다치지 않는다 ········397
조용히 흐르는 강은 깊다········163
종이를 가로 찢는 것 같다 ······400
좋으나 나쁘나 다 세상사········396
좋은 꽃은 나중에 ··············397
좋은 일도 없는 것만 같지 못
   하다 ······················139
좋은 일은 서둘러라 ············191
좋은 일이든 궂은 일이든 두 달
   반 ························398
주머니 속이 송곳 ··············285
주인 석 잔 손님 한 잔 ········232
주인 배 부르면 종 배 아랑곳
   없다 ······················169
주판으로 자물쇠가 열린다 ······199
죽 먹은 배도 한 때 ············104

죽어서 백만장자가 되기보다 살아서 가난한 사람 됨이 낫다 ·163
죽어 천 잔 술보다 생전의 한 잔 술 ······················174
죽으려면 뇌졸중 ···············165
죽은 다음에 열매 달릴까 ········174
죽은 자식 나이 세기 ············173
죽은 자식 얼굴 예뻤다 ·········165
죽음 속에서 삶을 찾는다 ······164
줄 듯 안 주는 것은 계모, 저물 듯 안 저무는 것은 봄날 ······129
줄지 않을 것 같으면 돈은 백 냥, 죽지 않을 것 같으면 자식은 하나 ························326
중매는 쇠짚신 세 켤레 있어야 된다 ·······················256
중에게 가사 ····················329
중을 속이면 칠대까지 앙얼을 입는다 ·······················329
중의 꽃비녀 ····················330
중의 머리띠 ····················330
중이 미우면 가사까지 밉다 ····329
중이 염불을 싫어한다 ············169
중재(仲裁)는 제때의 당신(堂神) ····················· 8
쥐를 잡는 고양이는 발톱을 감춘다 ·······················281
쥐면 주먹, 펴면 손바닥 ·········264
쥐에게 던지려 하나 그릇 때문에 피한다 ······················281
즉시 한 잔 술 ···················195
지금의 동정은 뒤의 원수 ········ 44
지나친 조심은 부주의와 같다 ···283
지는 것이 이기는 것 ············338
지레를 써도 움직이지 않는다 ···234
지름길은 먼 길 ··················216
지옥에서 부르러 올 듯함 ·········162
지옥에서 부처를 만난 듯 ·········162
지옥의 재판도 돈으로 좌우된다·162
지키는 사람의 틈은 있어도 도둑놈의 틈은 없다 ·············341
지팡이 밑에 맴도는 개는 때릴 수가 없다 ·····················224
지폐 뭉치로 얼굴을 친다 ········100
지혜는 조금씩 내놓아라 ·········215
지혜와 힘은 무거운 짐이 되지 않는다 ······················215
진흙 속에 핀 연꽃 ···············233
진흙을 치면 얼굴에 튄다 ········256
질투는 여자의 일곱 가지 도구···414
질풍에 경초를 안다 ··············165
집앞의 여윈 개 ···················· 31
집을 길가에 세우면 삼년에도 이루어 질 수 없다 ·············· 30
짖는 개는 물지 않는다 ·········331
찢어져도 솜옷 ·····················383

ㅊ

차 마시고 취한 체한다 ·········217
차 마신 배도 한 때 ··············218
차면 기운다 ·····················349
찬밥을 먹더라도 이승에 살고 싶다 ························309
찬합의 구석을 이쑤시개로 후빈다 ·······················169
참마가 뱀장어가 된다 ············385
참마로 발 찌른다 ················254
참배하지 않는 부처한테서 벌은 받지 않는다 ·················336
참새는 백 살까지 춤추는 것 안 잊는다 ·······················179
참새는 한 치의 똥을 안 눈다 ···178
참새의 눈물 ·····················179
참새의 천 마디, 학의 한 마디···178

한글 찾아보기 … 451

참새 정강이에서 피를 짜내는
  듯 …………………………178
창녀의 진심과 달걀의 사각 ……171
창문에서 창 …………………340
창해의 일속 …………………193
처음이 긴요 …………………294
처음이 좋으면 끝도 좋다 ………293
천금의 아들은 저자에서 죽지 않
  는다 …………………………189
천길 방축도 개미의 구멍
  하나로 ………………………190
천 일의 가뭄에 하루의 홍수 …191
천려 일실(千慮一失) …………192
천리 길도 십리(길과 같다) …192
천리 길도 한 걸음으로부터 …309
천리 들판에 호랑이를 풀어 놓
  는다 …………………………192
천석 만석도 밥 한 그릇 ………189
천천히 가면 무논도 흐려진다 …199
천하의 차례로 담당함 …………238
청수에 고기 안 논다 ……………184
청천 벽력(靑天霹靂) …………185
초니 곤약이니 …………………180
초롱잡이 발밑이 어둡다 ………220
초상집 개 ………………………193
초하루마다 떡 먹을 수는 없다 ·224
촌선 척마(寸善尺魔) …………182
총알의 심부름 …………………235
추녀는 거울을 싫어한다 ……… 13
추녀의 깊은 정 ………………… 13
충신은 불사 이군(忠臣一不事
  二君) ………………………218
충언은 귀에 거슬린다 …………218
취이우지간(翠以羽自殘) ………177
취하는 것을 마다하면서도 굳이
  술을 마신다 ………………398
친한 사이에도 예의가 있다 ……164

침묵은 금 ………………………222
침어낙안 폐월수화 ……………222
칭찬하는 사람에게는 마음을 놓지
  말라 …………………………333

ㅋ

칼을 쓰는 사람은 칼로 죽는다 ··137
콩을 삶는데 콩깍지를 땐다 ……341
큰 개는 강아지를 책하고 강아
  지는 똥을 책한다 …………… 71
큰 나무는 바람에 쓰러진다 ……204
큰 나무는 쓰러져도 땅에 닿지
  않는다 ………………………204
큰 나무 아래에 작은 나무 자
  란다 …………………………204
큰 무우는 맵지 않다 ………… 72
큰 물고기는 작은 못에 살지 않
  는다 …………………………202
큰 배도 작은 구멍으로 인하여
  가라 앉는다 ………………… 72
큰 보자기를 펼친다 …………… 73
큰 산이 울려서 쥐새끼 한 마리
  나온다 ………………………203
큰 욕심은 욕심이 없는 것과
  같다 …………………………205
큰 일 앞의 작은 일 ……………203
큰 주전자는 더디 끓는다 ……… 72

ㅌ

타기 시작한 배 …………………290
타다 남은 말뚝에는 불이 붙기
  쉽다 …………………………379
탈도 삿삿도 벗는다 ……………368
털을 불어서 상처를 찾는다 ……135
토끼를 보고 개를 놓아준다 …… 50
튀어 나온 말뚝은 얻어 맞는다 ··237
티끌도 쌓이면 산이 된다 ……221

ㅍ

파는 말에 사는 말 ············· 59
파랑은 쪽에서 나왔으나 쪽보다
　파랗다 ······················ 10
팔매로 던진 배 ·················257
팥으로 만든 두부 ··············· 17
패군의 장은 병법을 말하지 않
　는다 ························291
평지에 파란을 일으킨다 ········322
포렴(布簾)을 팔로 민다 ······290
표주박에서 망아지가 나온다 ···310
푸른 바다가 변하여 뽕밭이
　된다 ························193
푸성귀에 소금 ····················· 9
풀솜으로 목을 자르다 ············343
풀칠한 김에 모자의 푸새 ········290
풋감이 홍시를 애도한다 ········· 9
풍년은 기근의 바탕 ·············330
풍성 학려 ·····················313
풍수지탄 ·····················313
피는 물보다 진하다 ·············217
피도 눈물도 없다 ···············217
피로 피를 씻는다 ···············217
피리를 불어도 춤추지 않는다 ···314
핑계와 고약은 어디든지 붙일 수
　있다 ························410
핑계 잘 대는 자 실행은 서투
　르다 ························410

ㅎ

하고 싶은 말은 내일 하여라 ··· 30
하나도 못 잡고 둘도 못 잡는
　다 ·························· 37
하늘에 두 해가 없다 ············239
하늘에 부는 바람이라 홀려 든
　는다 ························199
하늘에서 떨어진 재난 ············238
하늘에 침 뱉기 ·················239
하늘은 높고 말은 살찐다 ······238
하늘은 스스로 돕는 자를 돕
　는다 ························239
하루가 천년 같은 느낌 ········ 37
하룻밤을 함께 해도 아내는
　아내 ························ 38
하품을 같이 하면 사돈의 팔촌··· 14
학문에 지름길이 없다 ············ 90
학은 천년, 거북은 만년 ········231
학의 한 마디 울음소리 ········230
한 가지 일이 만 가지 일이로
　다 ·························· 36
한 굴 속의 오소리 ············303
한 되의 떡에 닷 되의 쌀가루 ··· 39
한 마리 미치면 천 마리 말도
　미친다 ······················ 41
한 번 떡 먹으면 다시 먹자 ······ 37
한 손으로 송곳은 부비지 못
　한다 ························ 97
한 송이가 피어도 꽃은 꽃 ····· 39
한 솥의 밥을 먹는다 ··········· 76
한쪽 말만 듣고 송사를 판결하
　지 말라 ······················ 96
한쪽 손바닥으로는 소리를 낼
　수 없다 ·····················144
한줄기 새끼로는 묶을 수 없다 ·303
한 치 물리면 자(尺) ·········· 40
한 치 앞의 지옥 ··············· 39
한 치 일을 한 발로 말한다 ····· 40
한 치의 벌레에도 五분의 혼 ··· 40
한 치의 쇠가 사람을 찌른다 ··182
한 팔 걷고 도와 준다 ··········306
한푼을 벌려고 백을 잃는다 ··· 38
할 수 없어 쌀밥 ···············170
함께 살지 않는 동안이 꽃 ······199

한글 찾아보기 … 453

항산이 없으면 항심이 없다 ……139
해가 서쪽에서 뜨다 ……………300
해(害)도 이(利)도 되지 않
 는다 ……………………………245
해오리는 씻지 않아도 그 빛이
 희다 ……………………………151
해파리의 뼈 ……………………128
행복은 나란히 안 오고 화는 홀로
 안 간다 ………………………150
행운은 누워서 기다려라 ………102
허기진 배에 맛 없는 것이
 없다 ……………………………177
허벅지에 붙인 고약 ……………55
헤엄 잘 치는 놈이 물에 빠
 진다 ……………………………398
헤진 신발 버리듯 ………………383
혀의 칼은 목숨을 끊는다 ………164
현명한 사람의 아들은 현명하지
 않다 ……………………………135
현세는 의상이 칠푼 …………… 49
현인은 위험한 것을 보지 않
 는다 ……………………………136
형영 상조한다 …………………131
형제는 남이 되는 시초 ………117
형제는 수족이다 ………………132
형제는 양손 ……………………117
형제 혁장(兄弟閱牆) …………132
호구를 벗어나 용혈에 들어간다·142
洞が峠(호라가도오게)를 결정
 한다 ……………………………334
호랑이 꼬리를 밟는다 …………250
호랑이 굴에 들어가지 않고는
 호랑이 새끼를 잡지 못한다 …142
홀아비에게는 구더기가 끓고, 과
 부에게는 꽃이 핀다 ………… 75
화도 삼년이 지나면 소용된다 …426
화살과 과녀격 …………………341
화상 입은 정강이에서는 털이 나
 지 않는다 ……………………378
활과 시위 ………………………394
활도 당길 탓 ……………………394

화살은 이미 떠났다 ……………383
활시위를 떠난 화살 ……………231
활시위 없는 활과 털 빠진 새 …230
활은 부러지고 화살은 떨어진다·394
황천 길에 노소 없다 …………140
효도를 하고 싶을 때는 어버이가
 없다 ……………………………139
효도와 불조심은 재로 화하기
 전 ……………………………… 80
후림불에 걸려들다 ……………198
후생이 가외(可畏)다 …………139
후회 막급(後悔莫及)이다 ……138
흐르는 강물을 몽둥이로 친다 …255
흐르는 물은 썩지 않는다 ………255
흙으로 만든 부처의 물장난 ……227
힘은 가난을 이긴다 ……………216

일본속담사전　　　　　　　　　　값 10,000원

초판 발행 / 1999년 8월 15일
제3판 발행 / 2010년 5월 15일
편　자 / 若 松 實
펴낸이 / 최 석 로
펴낸곳 / 서 문 당
주소 : 경기도 파주시 교하읍 문발리 514-3
파주출판산업단지
전화 : 031-955-8255~6 팩스 : 031-955-8254
창업일자 / 1968. 12. 24
등록일자 / 2001. 1. 10
SeoMoonDang Publishing Co. 1968
등록번호 / 제 406-313-2001-000005호

ISBN 89-7243-192-3　　　* 잘못된 책은 바꾸어 드립니다.